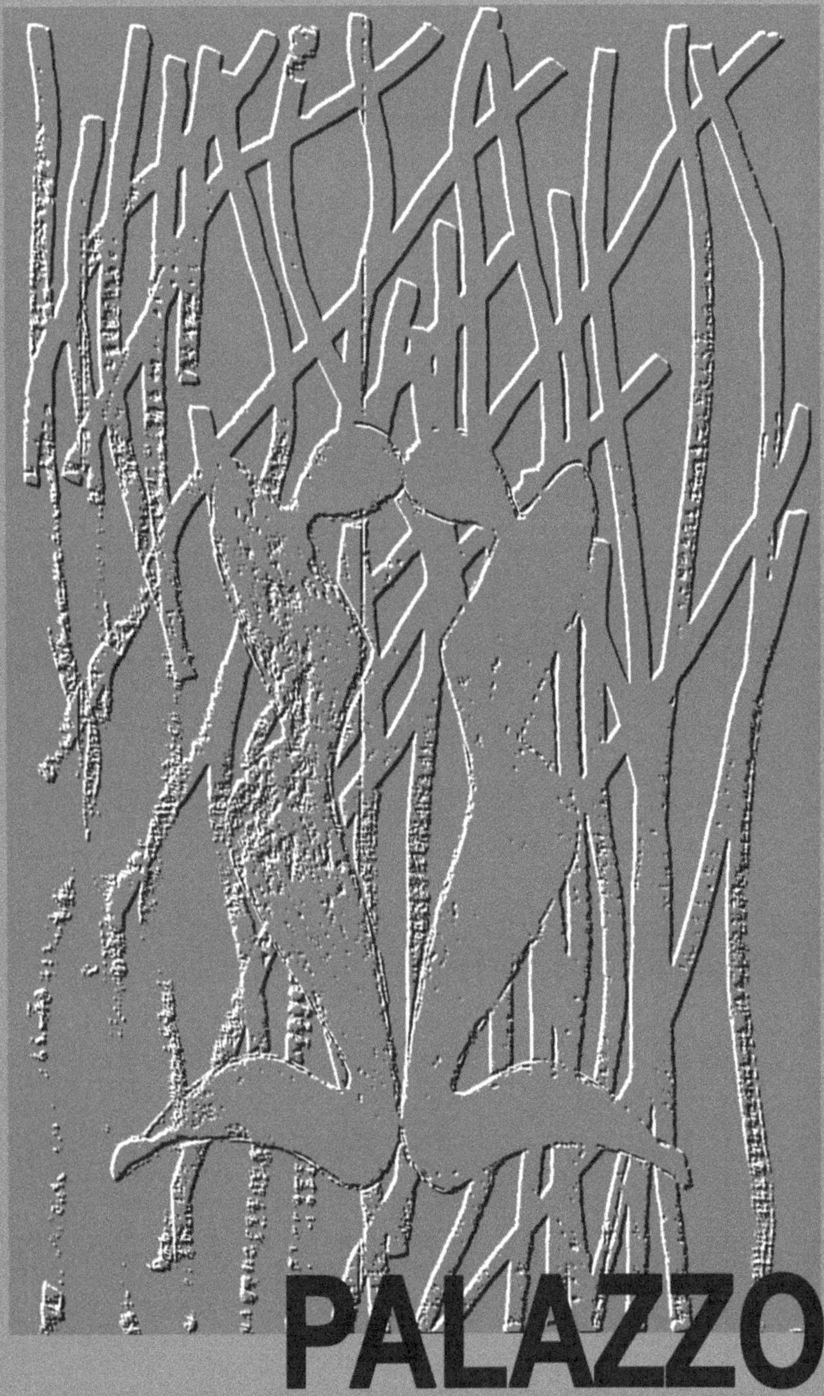

PALAZZO
TRACCE

9 781008 931138

Enzo Palazzo

TRACCE

Ogni artista, come accade nel testo biblico a Giacobbe, lotta nella notte con un nemico mortale che non è altro che quella parte dell'esistenza che non può essere governata dall'ordine della ragione.

Enzo Palazzo artista dalla poetica espressiva e concettuale, presenta in questa monografia TRACCE, una selezione di opere degli ultimi anni ad oggi. Sono dipinti materici su tela, opere su carta, sculture, installazioni, fotografie, video che ripercorrono il cammino dell'artista all'interno della sua instancabile ricerca.

C'è una gioia di vivere che parla di un oggi dove la materia, il colore, il racconto, le figure si librano verso il cielo o altre mete, forme disperse agganciate al treno del passato. In questo abbraccio, in questa esultanza in cui tutto sembra ricomporsi e nessuna ombra, né dolore, ha più diritto accesso. Se c'è qualcosa che l'artista ci consegna, aldilà dei tecnicismi, della sua ricerca dei materiali, è questo sguardo luminoso e mobile sul mondo, come se la vita, sua, ma di tutti noi dovesse sempre essere un interminabile viaggio. Le opere si caratterizzano, da un lato, un recupero dell'icasticità propria all'espressionismo esperito attraverso l'uso di tecniche proprie della tradizione artistica, dall'altro evidenziano il riattraversamento spaziando tra gli archetipi arcaici, al recente passato e alla contemporaneità. Fortemente influenzato, da cui si recupera il concetto di arte come catarsi, oltre che l'interesse per il valore alchemico dei materiali che abitano le sue opere: manifesti, carte, giornali, stucchi, resine, colle, bitume, lacche, fiori e altri materiali. Le opere sono frutto di una lunga e lenta elaborazione formale e concettuale, da colori cupi e terrosi, da creature e da stratificazioni. Opere della memoria, fortemente caratterizzate da un segno forte di una malinconia. Opere ermetiche nella loro iconografia, popolate anche da citazioni, si accompagnano in una matericità visiva complessa.

Grazie alla loro forma creativa ed espressione cromatica - grafica svelano l'elegante e attenta contemporaneità. Arte che riflette costantemente sulle grandi questioni storiche e culturali del presente e del passato. Sono tracce di memoria indicazioni di umanità. Sono opere complesse, in cui convivono riferimenti alla filosofia, alla mitologia, alla religione, all'alchimia come capacità di trasformazione del mondo, metafora dell'arte e della sua funzione di interpretazione della realtà. L'arte contemporanea è una lettura attenta attraverso la quale guardare il contesto per capirlo, una spinta a reinventarsi continuamente. L'arte favorisce idee e contaminazioni di linguaggi e di comportamenti che testimoniano quel principio di libertà che da sempre le appartiene e che niente e nessuno potrà limitare.

"L'arte ha il diritto alla libertà, se non vuole essere sottomessa a nefasti pensieri unici. Allo stesso tempo, ha il dovere dell'universalità: sapere, cioè, intercettare e sollecitare, attraverso la ricchezza delle sue espressioni, stati d'animo e visioni, desideri e passioni, provocazioni e prese di coscienza che appartengono a tutti.

D'altronde, se così non fosse stato già dalle sue più remote manifestazioni, il destino dell'arte probabilmente sarebbe stato ben poca cosa. Di certo non sarebbe diventata un'esigenza primaria per dare un senso profondo alle vicende umane, da quelle più misteriose a quelle più intime e private, a quelle pubbliche. Tutto questo nella contemporaneità ha accelerato l'urgenza di porsi come coscienza critica del mondo: ogni artista con la sua lingua, la sua storia e la sua sensibilità".

La funzione del fare arte è stimolare il ragionamento, aiutare a coltivare idee proprie e a costruire un personale pensiero critico. Questo è ciò che oggi forse fa paura a chi vuole scegliere per noi, a chi vuole prendere decisioni per tutti, come per esempio quella di stabilire se una guerra è giusta oppure sbagliata. L'arte, come il pensiero e la conoscenza, rende liberi e questo è forse ciò di cui più abbiamo bisogno in questo periodo. Oggi di arte si parla poco e spesso a vanvera. In generale, purtroppo, per la stragrande maggioranza delle persone, l'arte è un'attività che non ha senso, un'assoluta perdita di tempo. E pensare che un tempo l'arte faceva mondo e gli artisti si sedevano allo stesso tavolo di papi, re e imperatori prima, di presidenti, politici e industriali poi.

Mi è parso opportuno quindi introdurre la monografia di questo artista dal linguaggio non convenzionale, nel quale la tecnica consente all'artista di raggiungere l'autenticità della su ricerca, mettendo in luce l'immaginario perché senza questo processo, l'immaginario diventa un sogno senza corpo. Confermando quanto il linguaggio espressivo di questo artista, tiene conto dei maestri e di tutti i linguaggi artistici che egli reinterpretando traccia la sua riflessione sulla presenza dell'uomo in quanto depositario di memoria, mitologia, storia, cultura, ma anche di tragedia, riti, spiritualità, mediante oggetti e materiali associabili al vissuto.

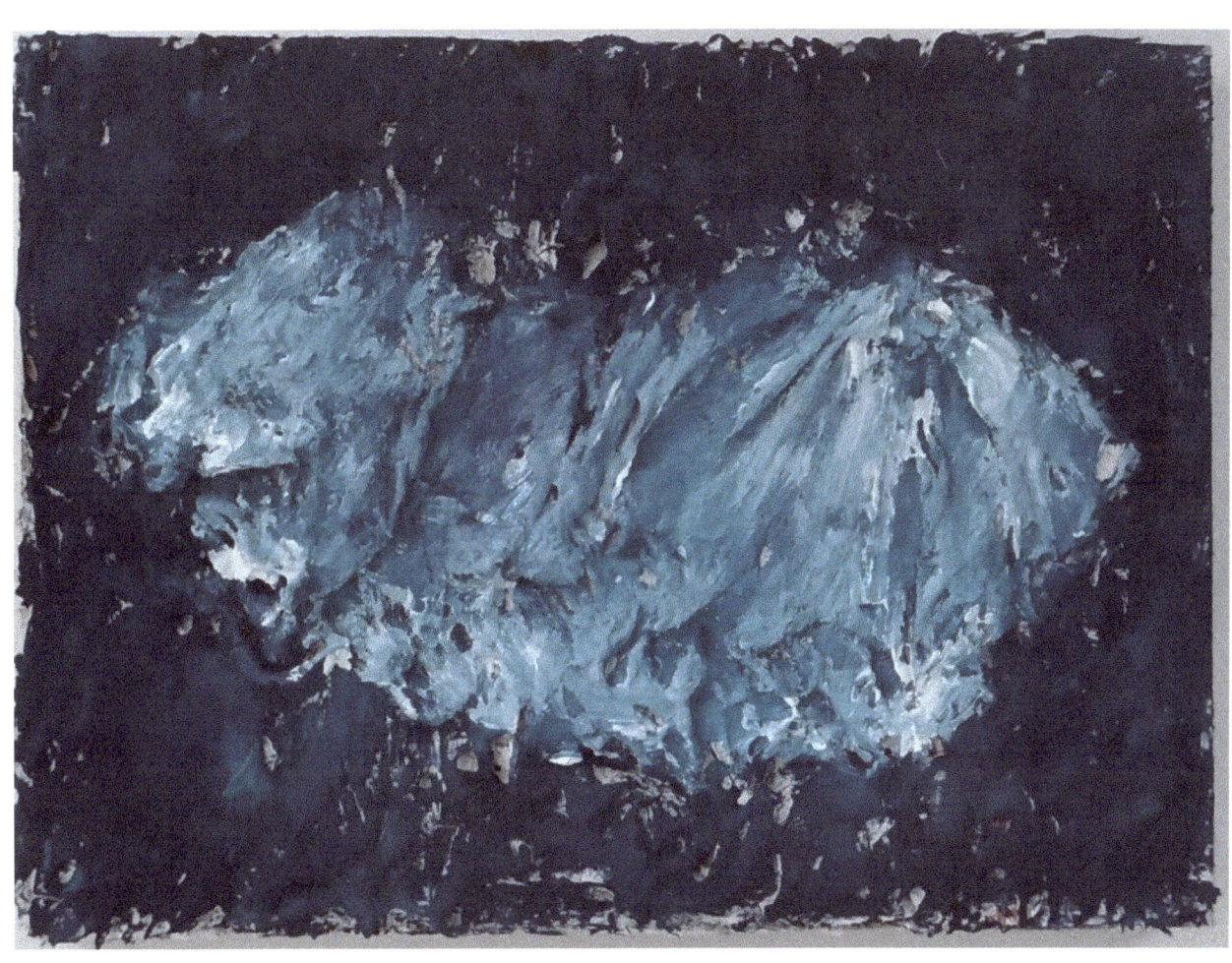

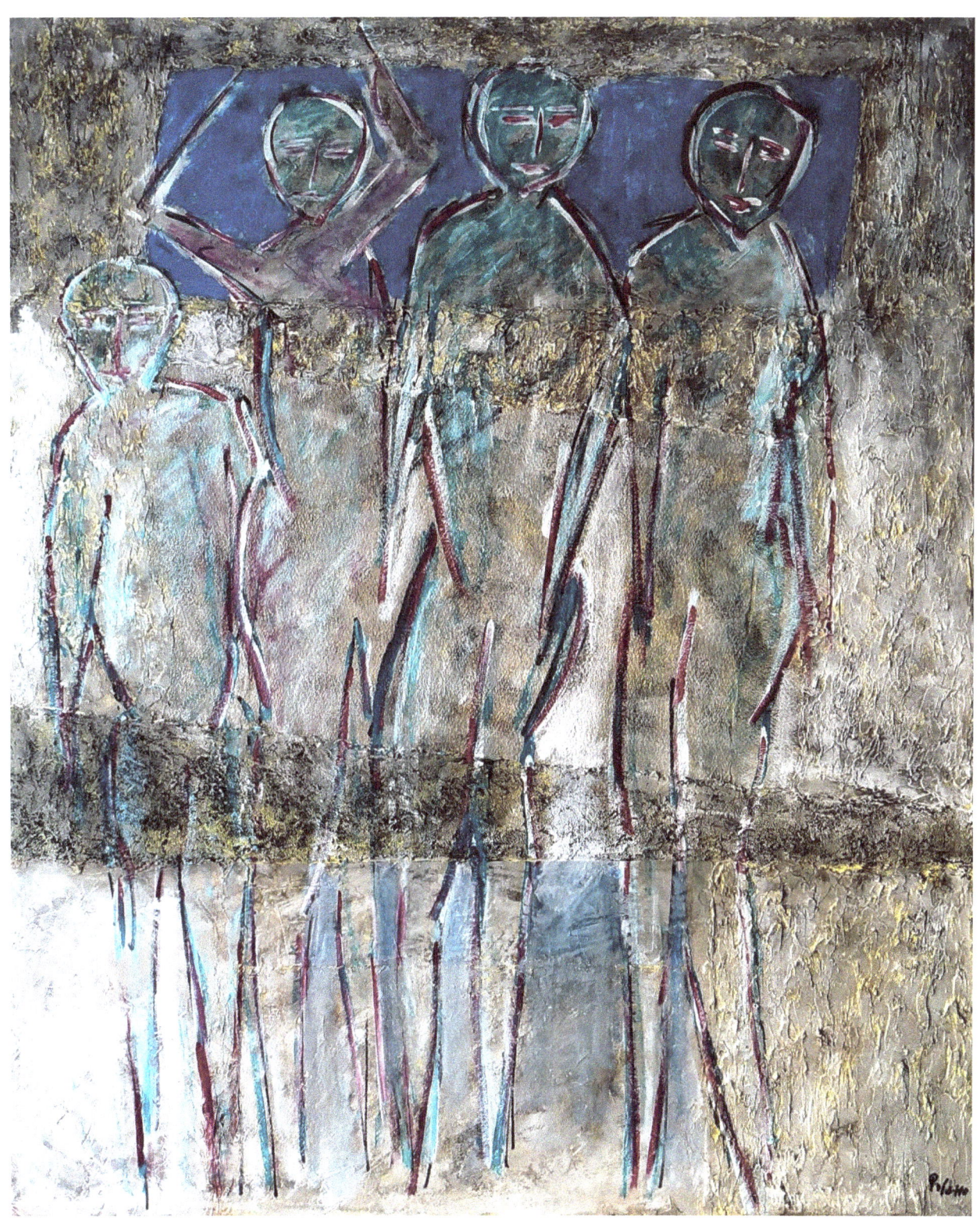

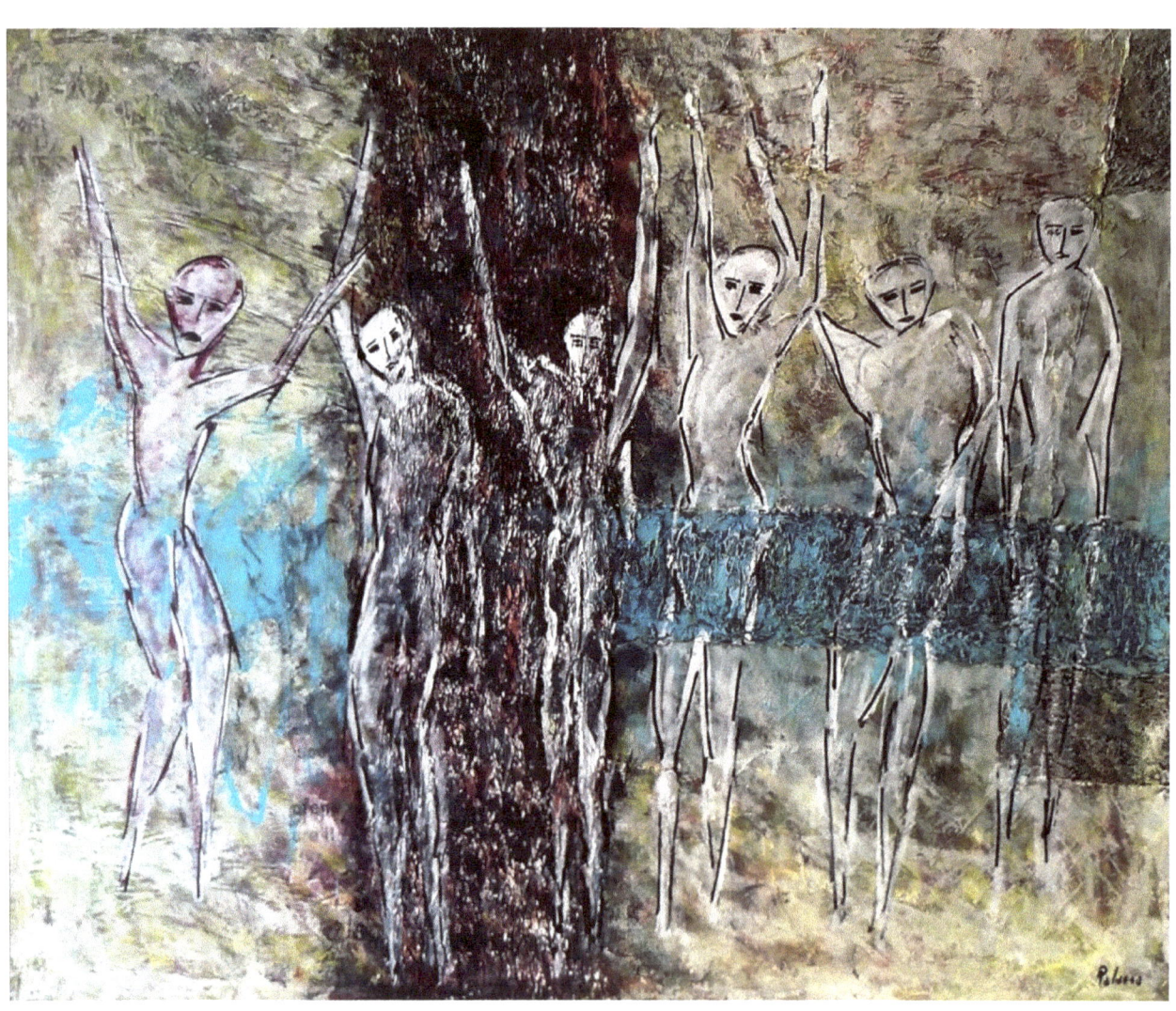

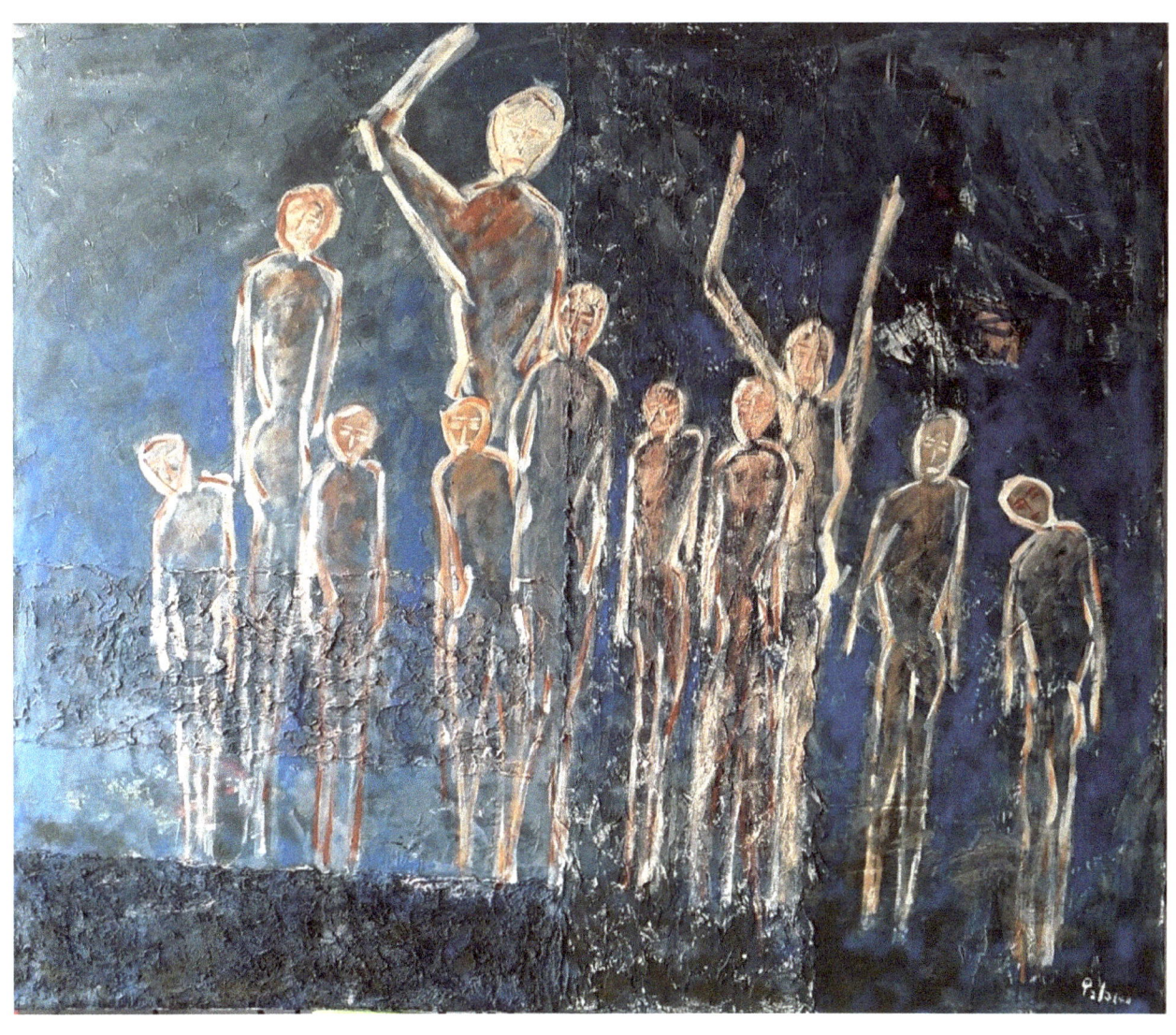

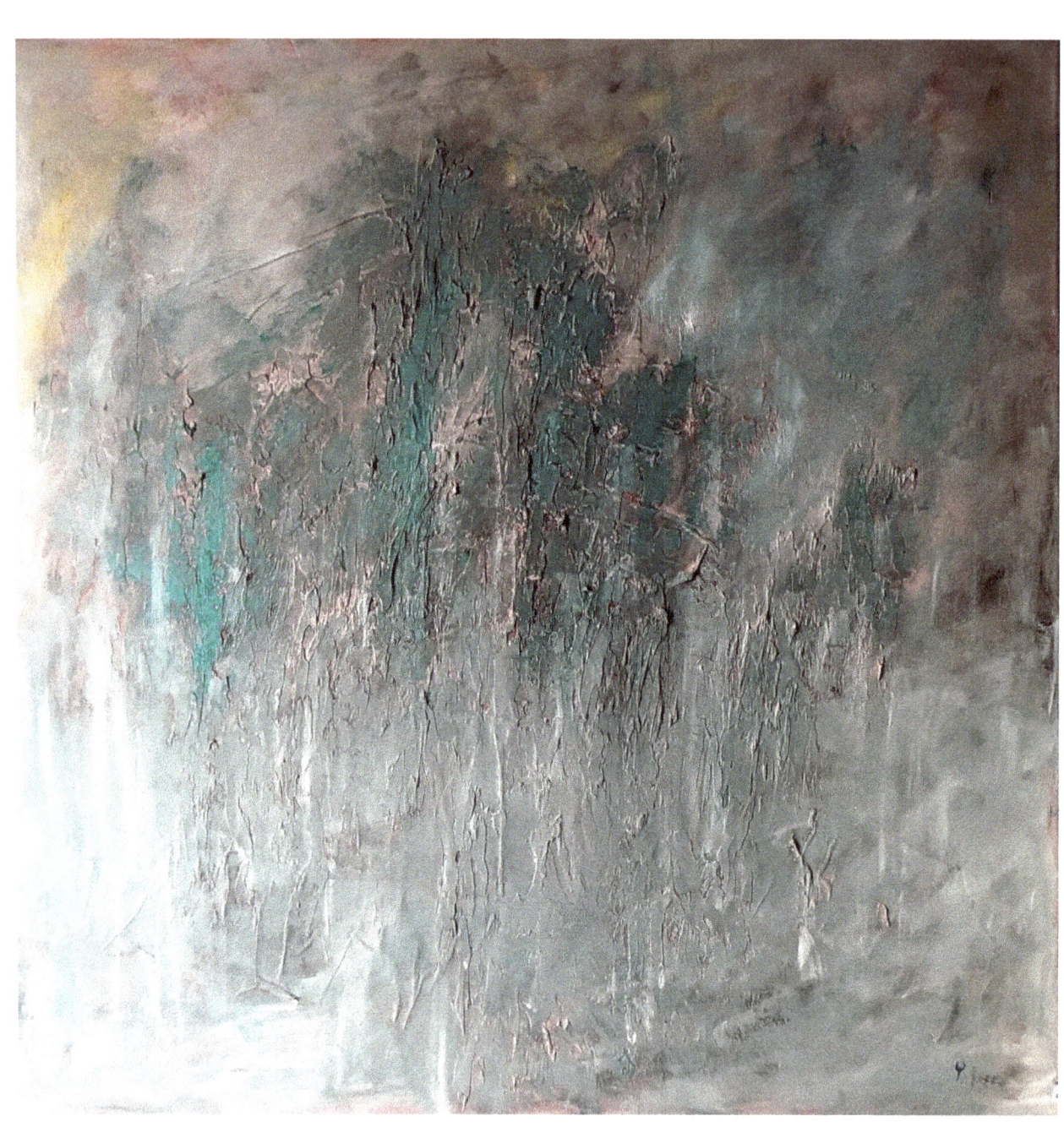

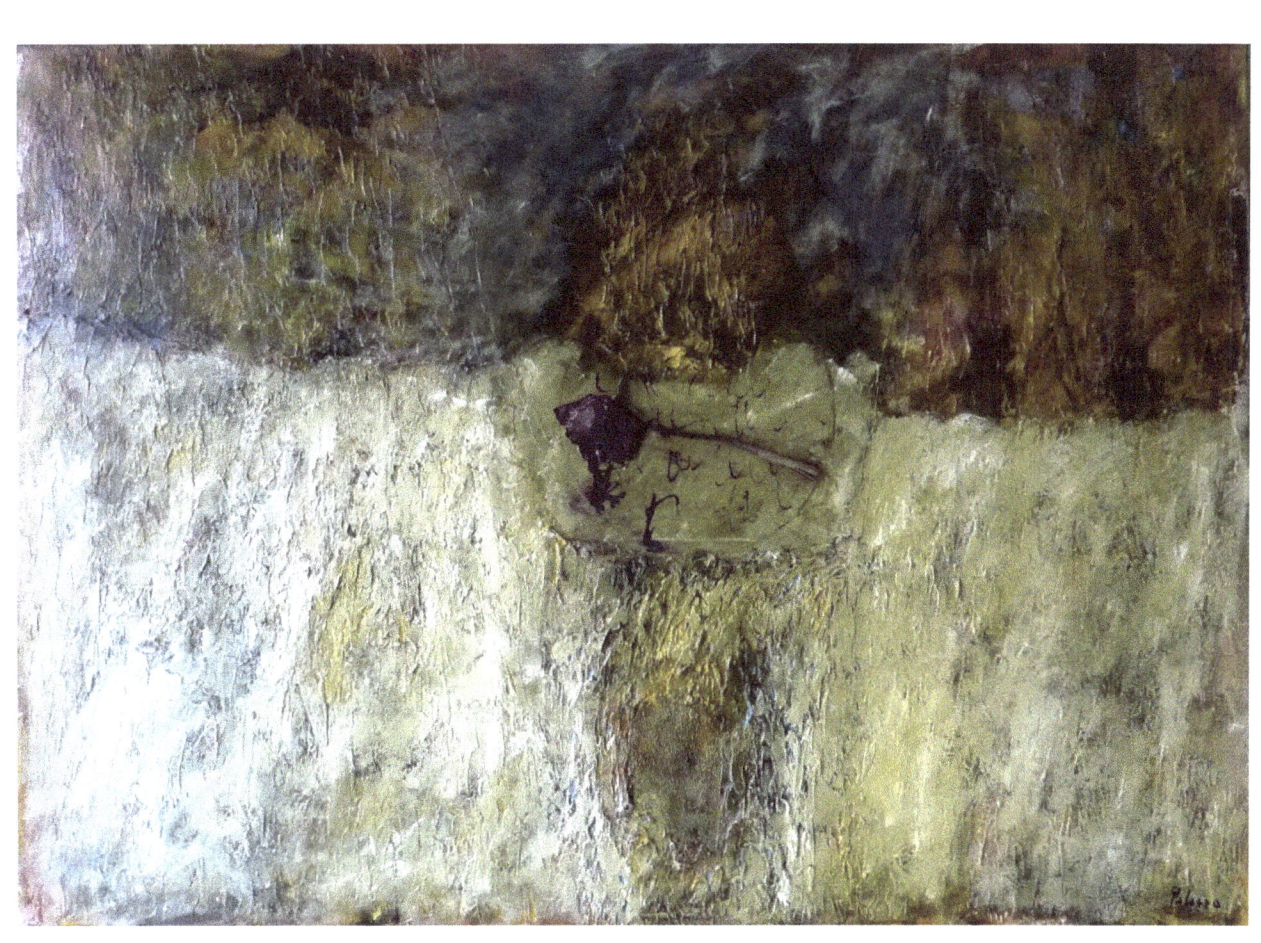

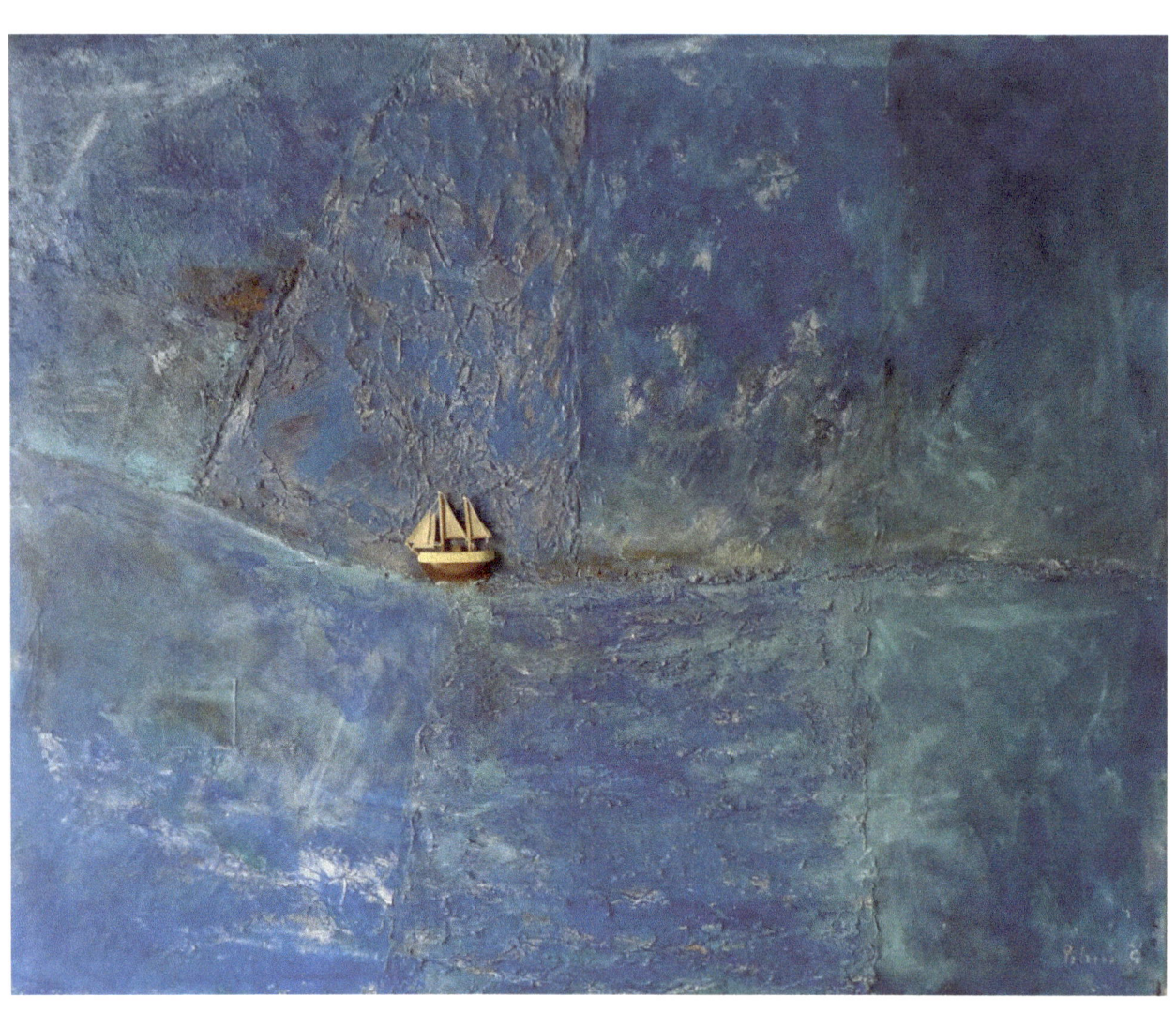

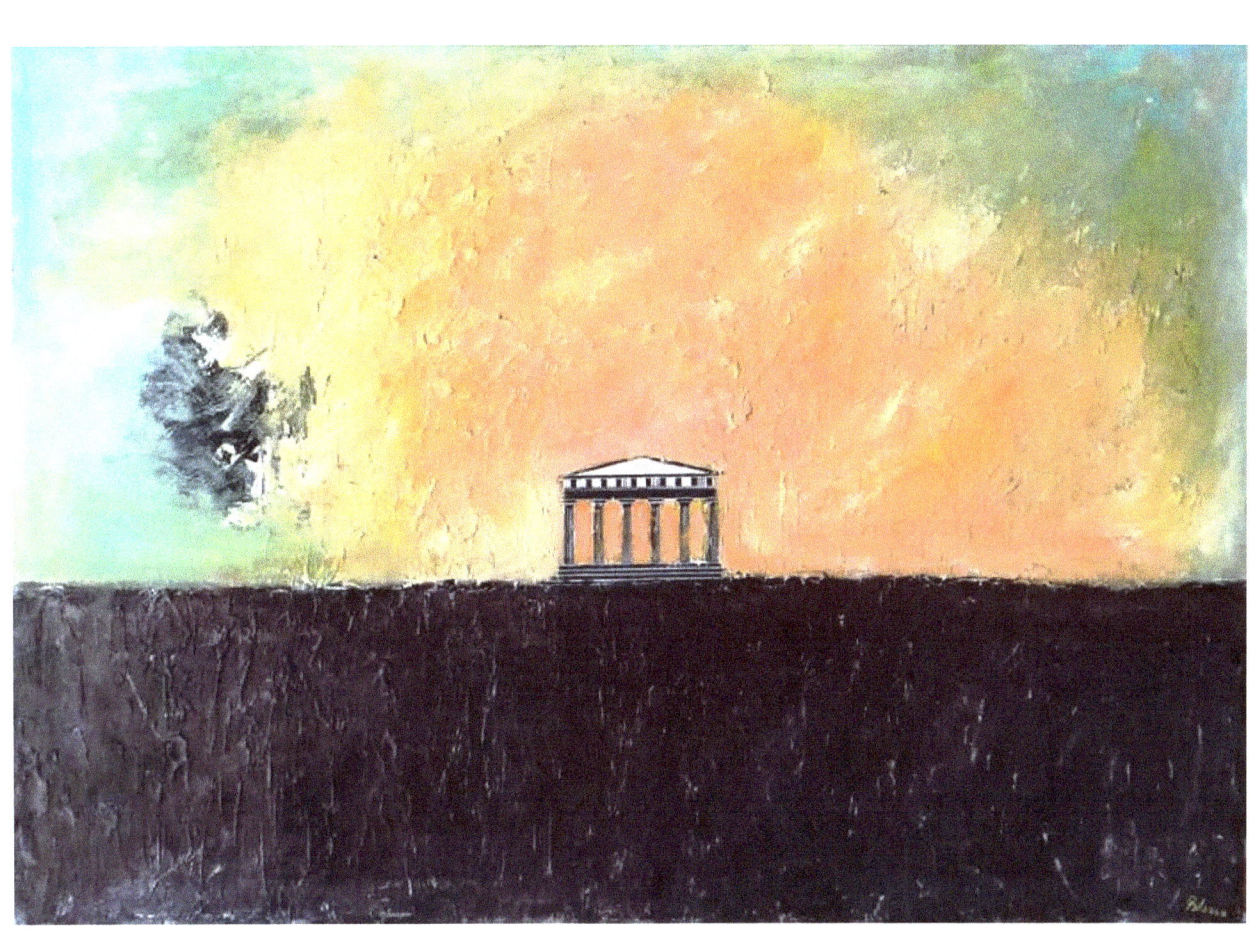

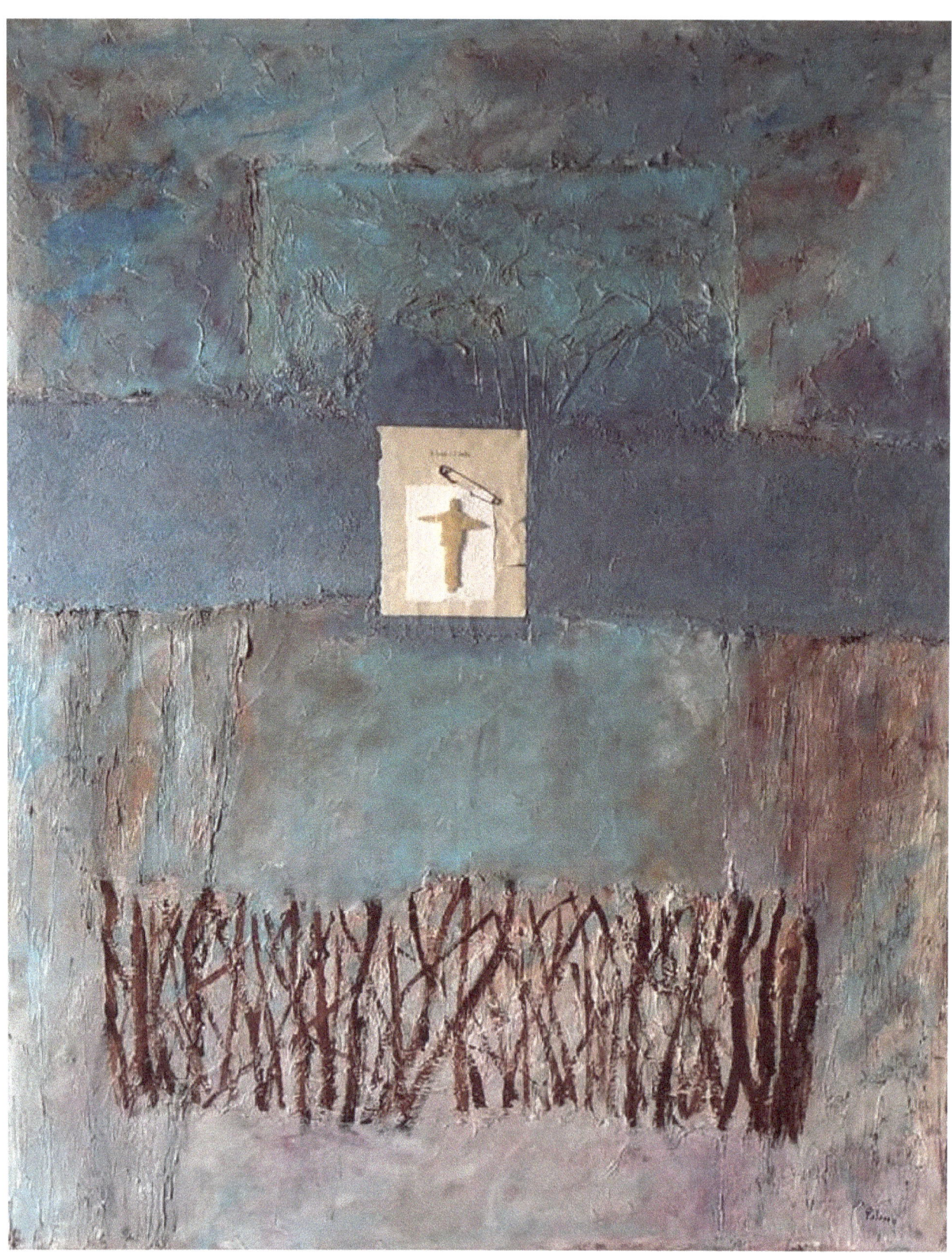

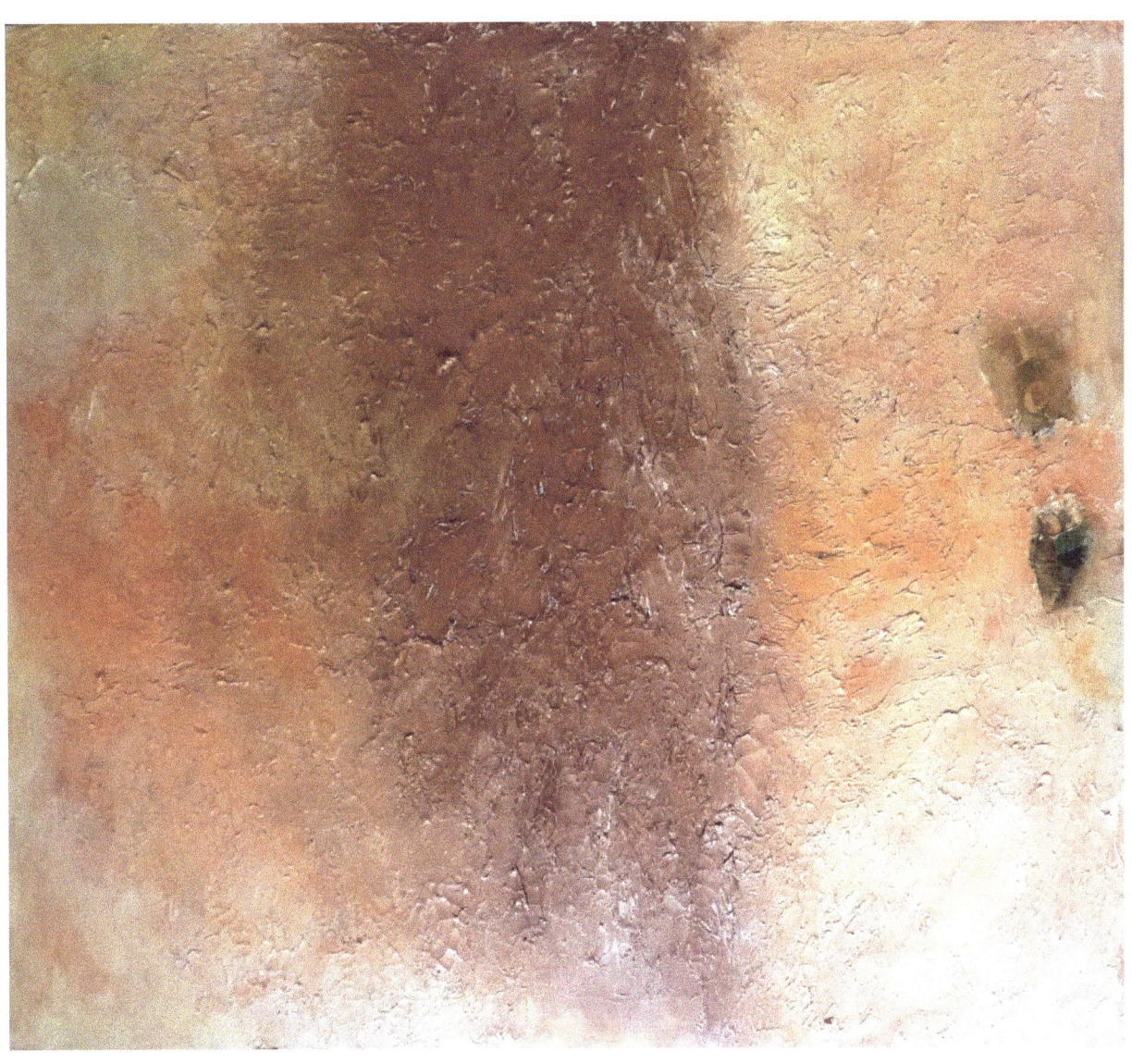

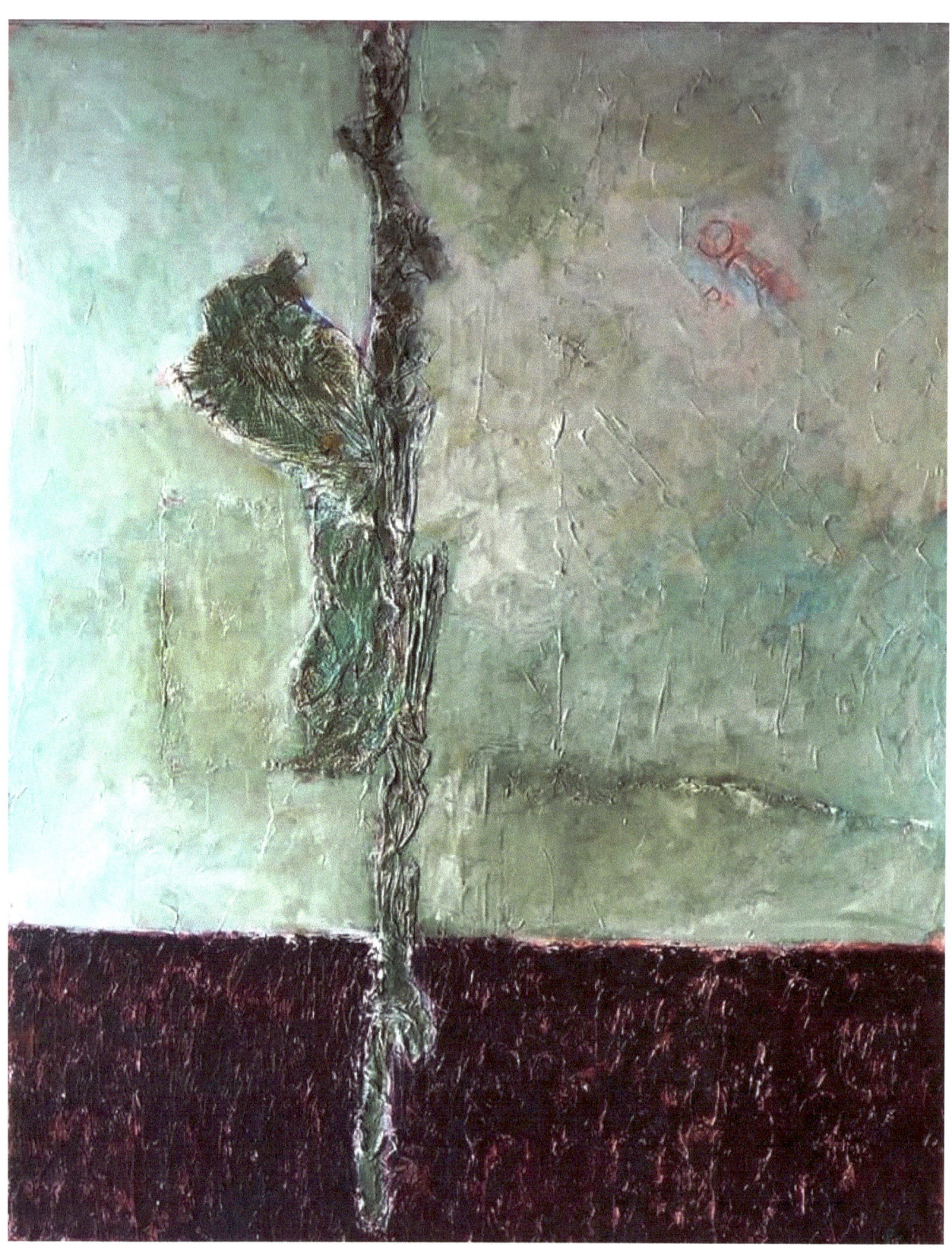

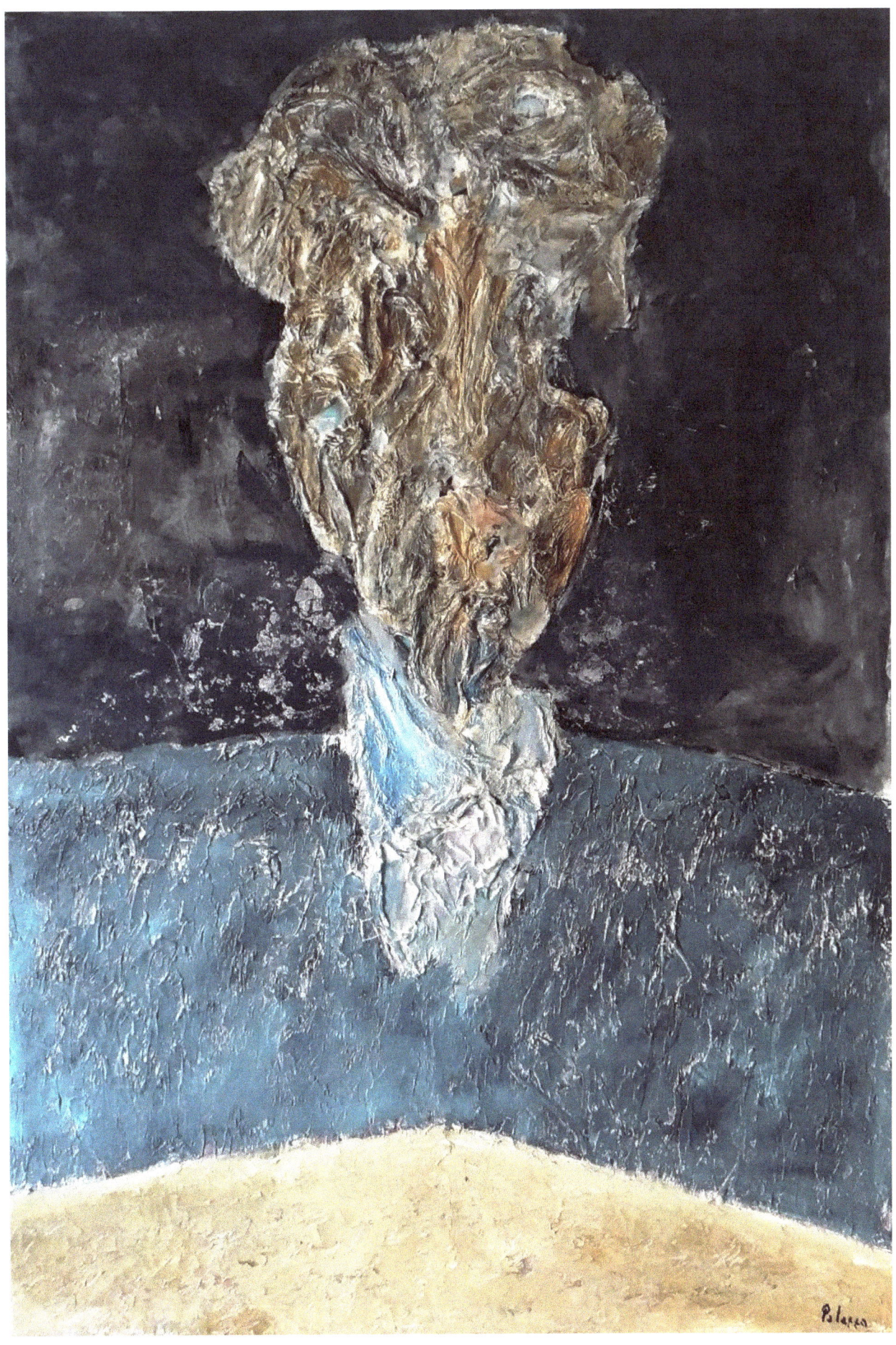

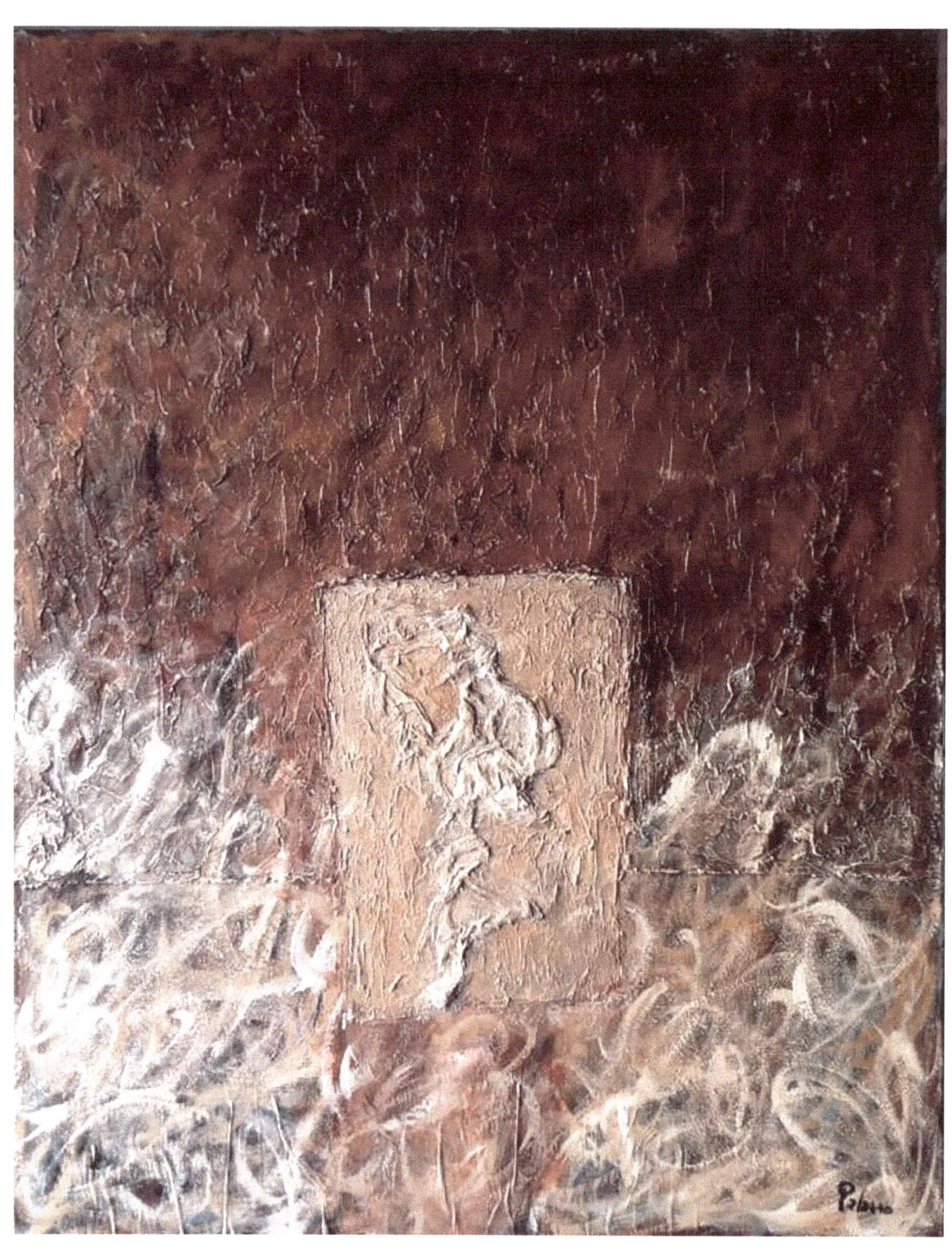

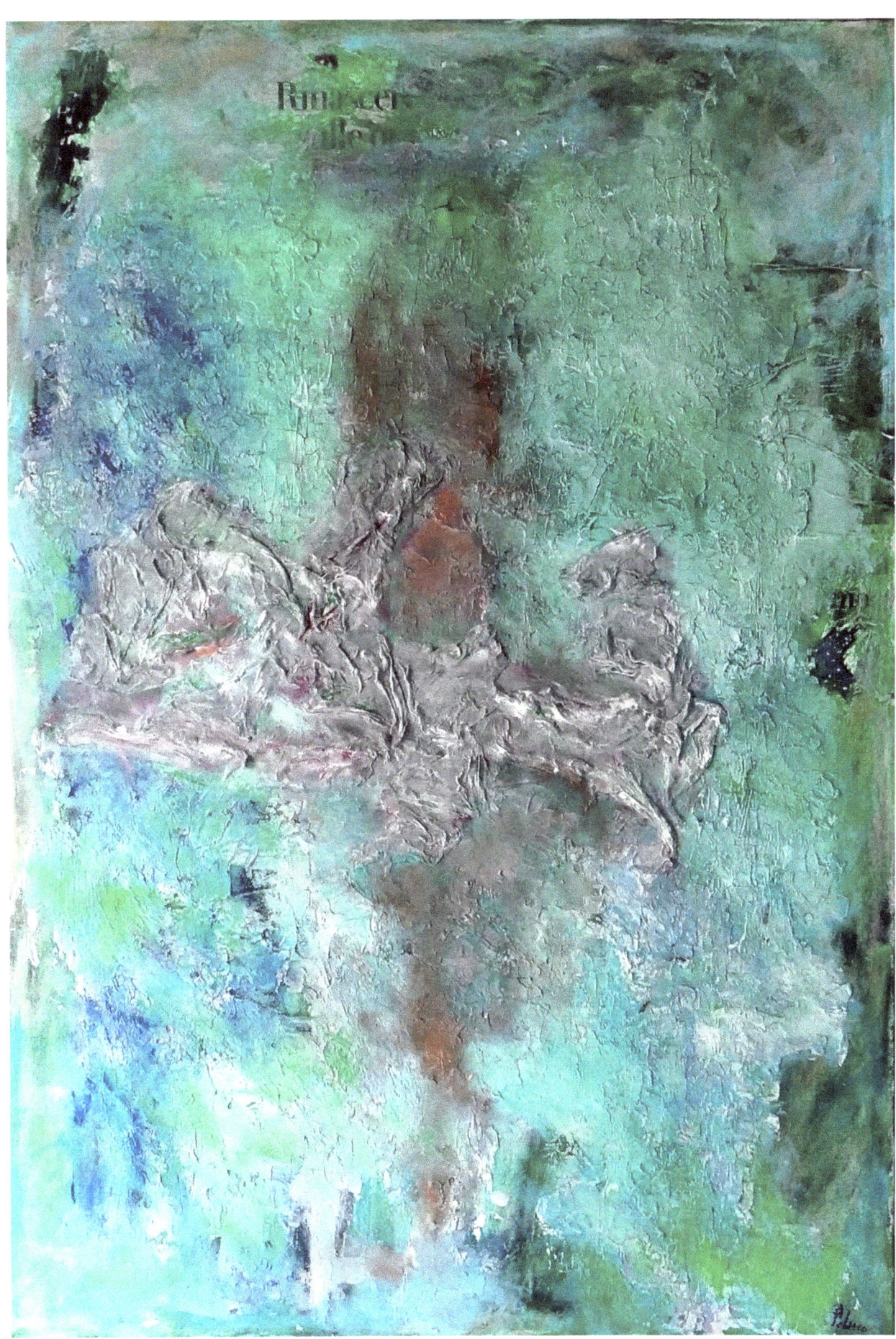

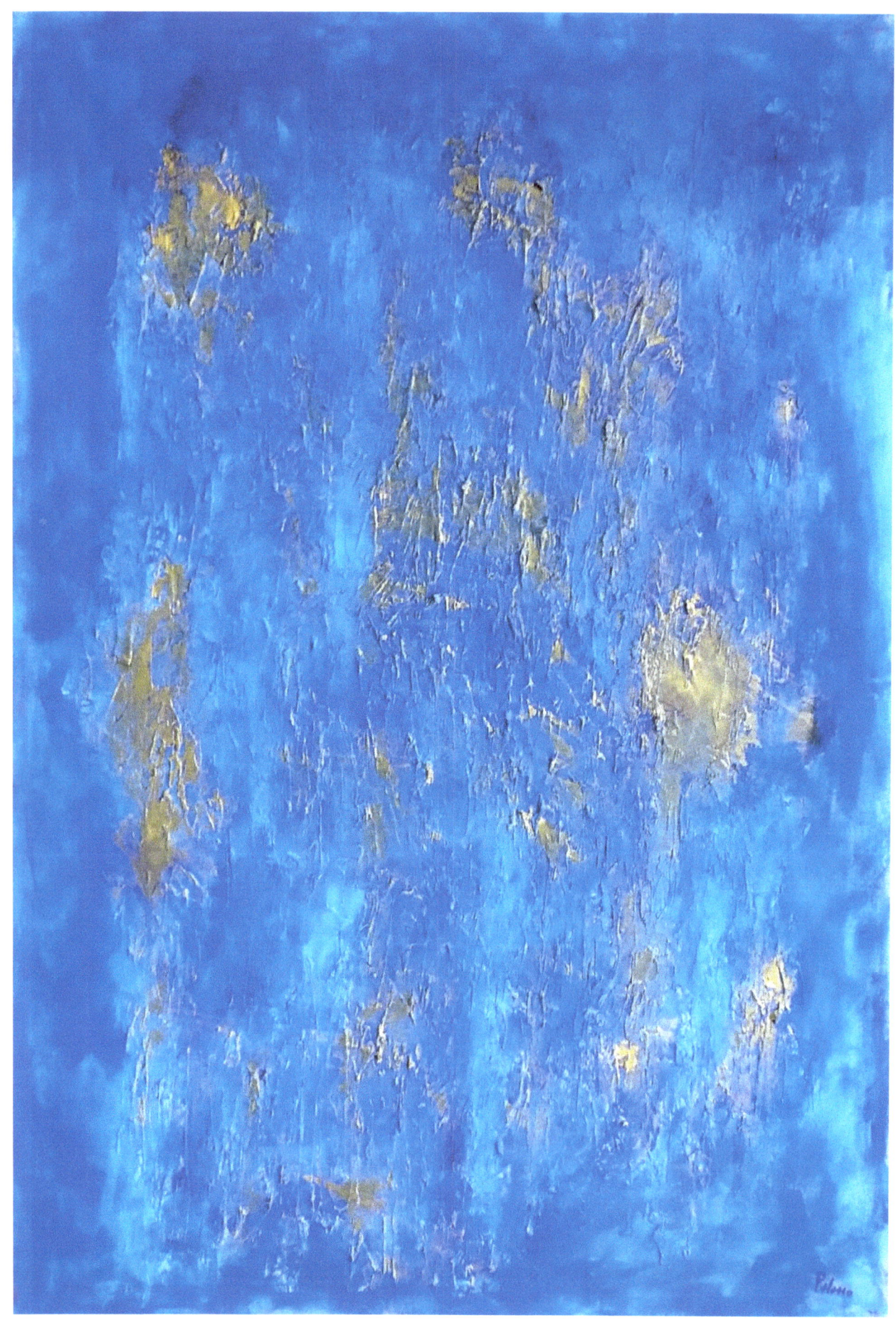

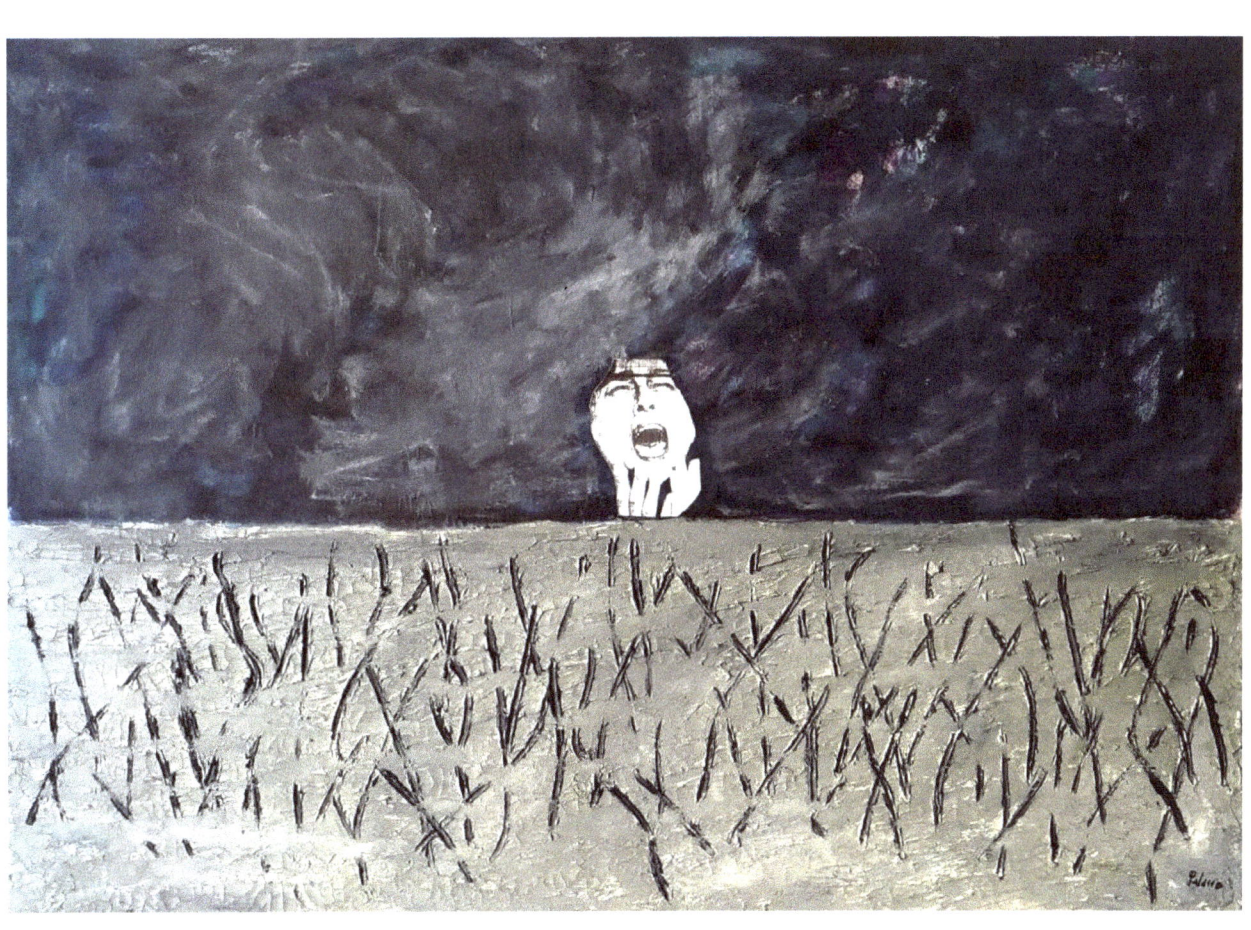

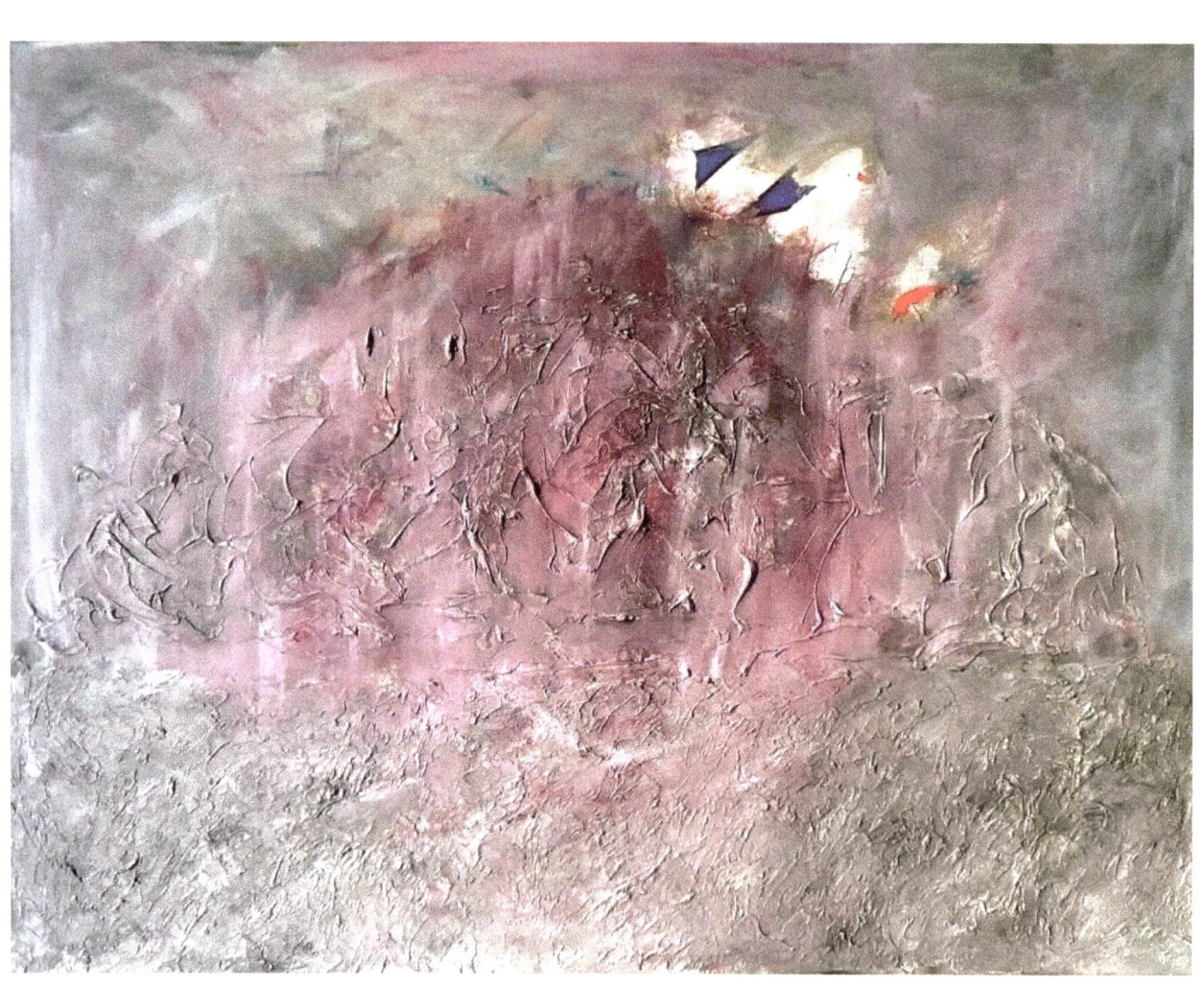

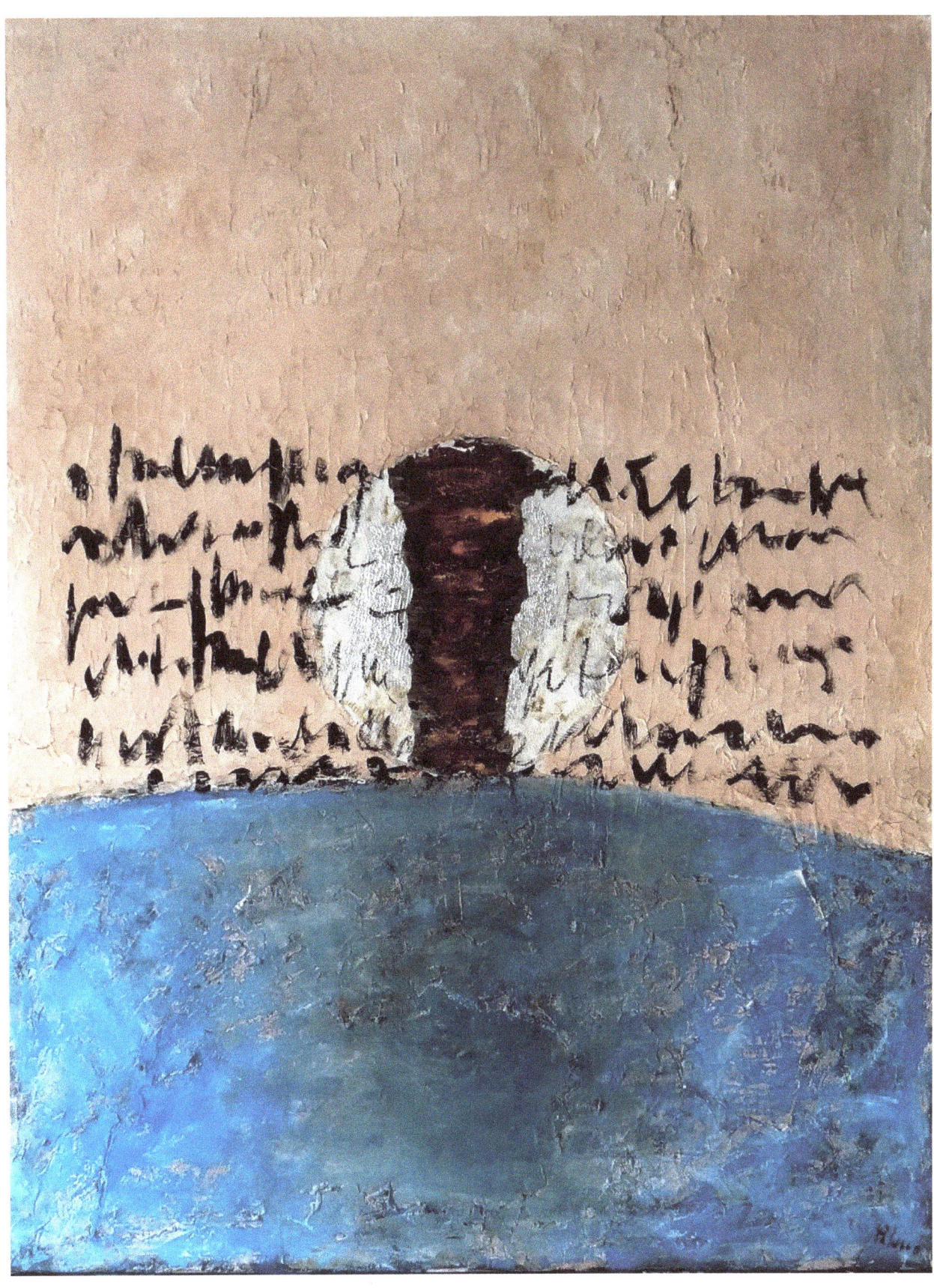

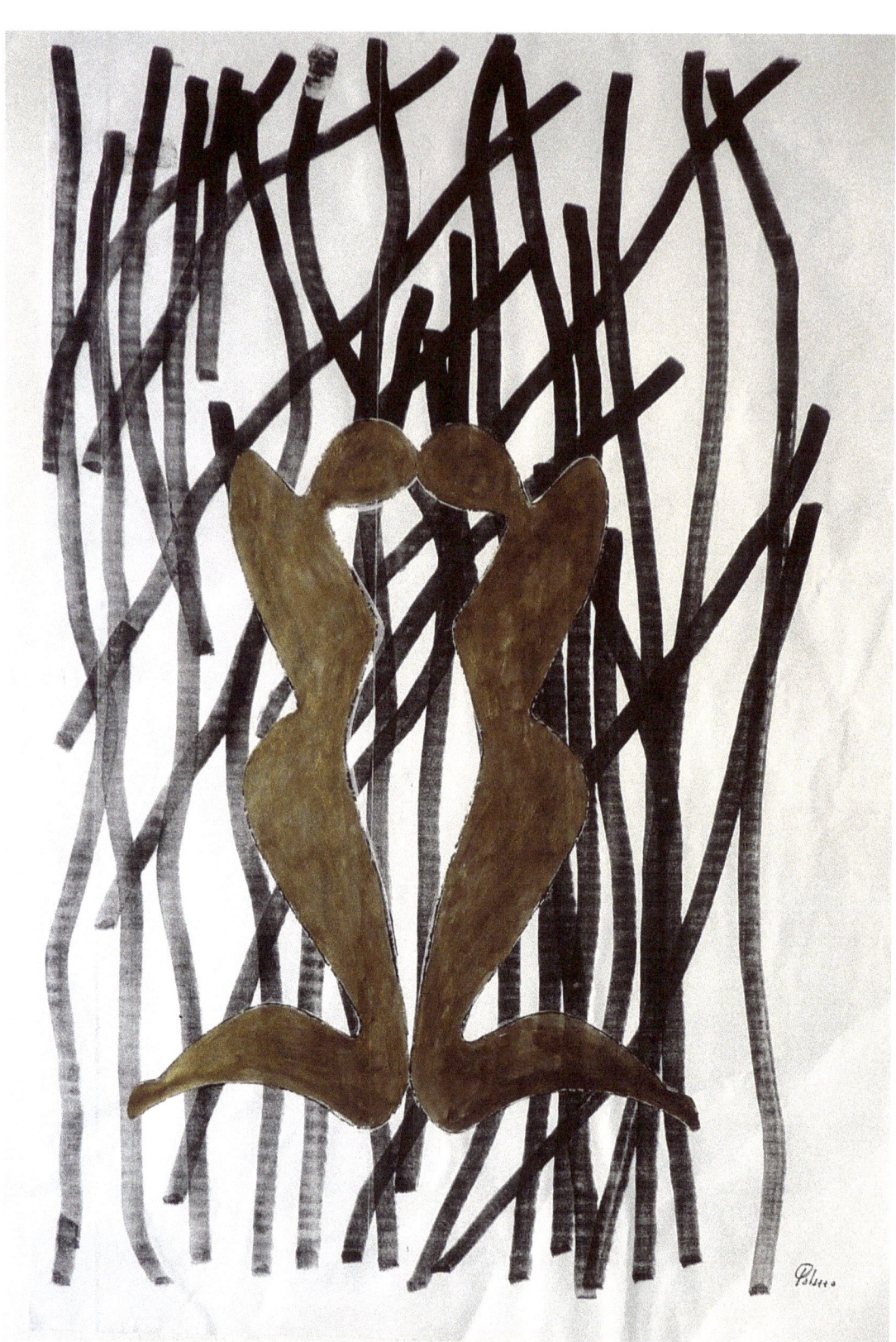

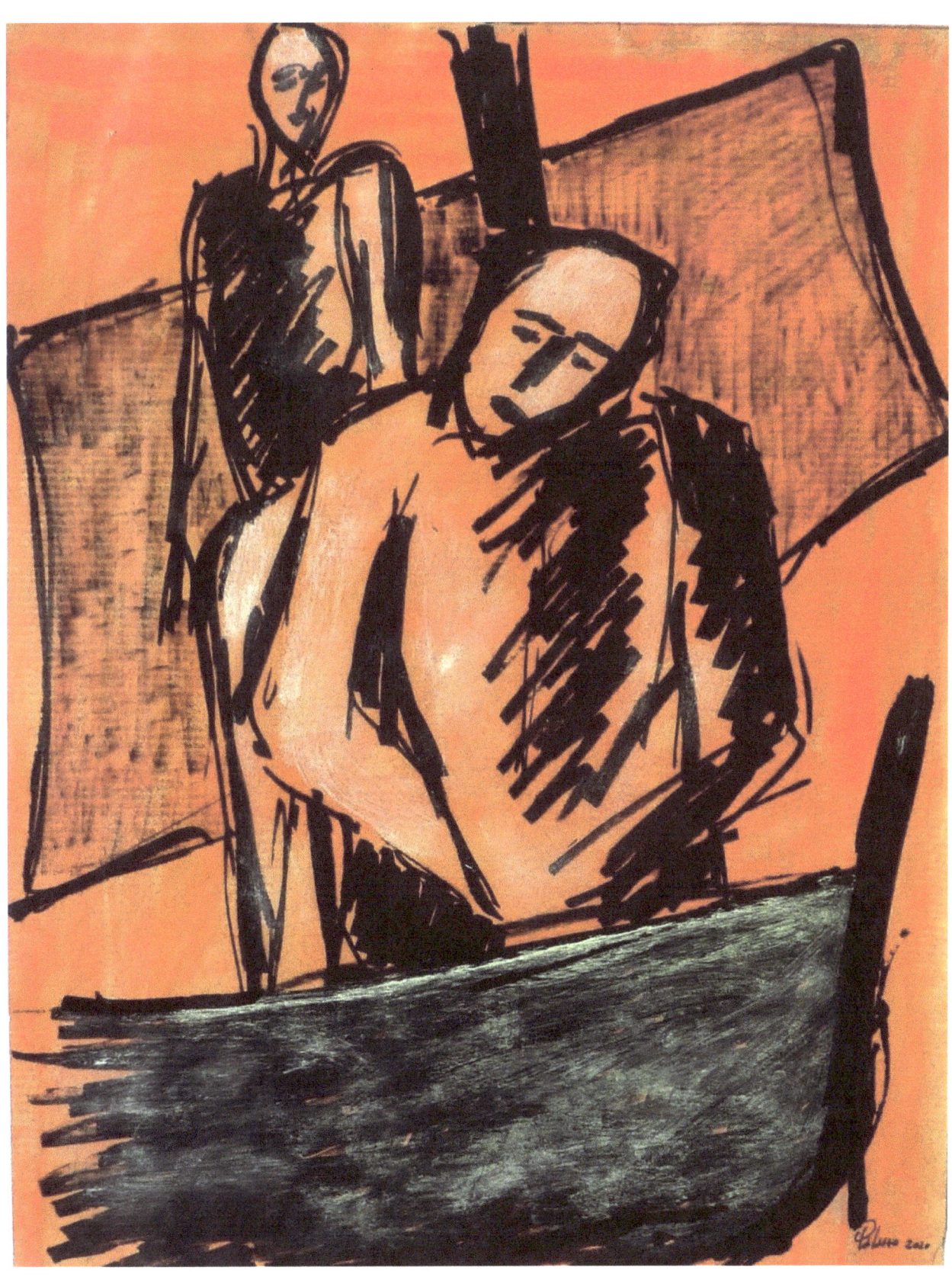

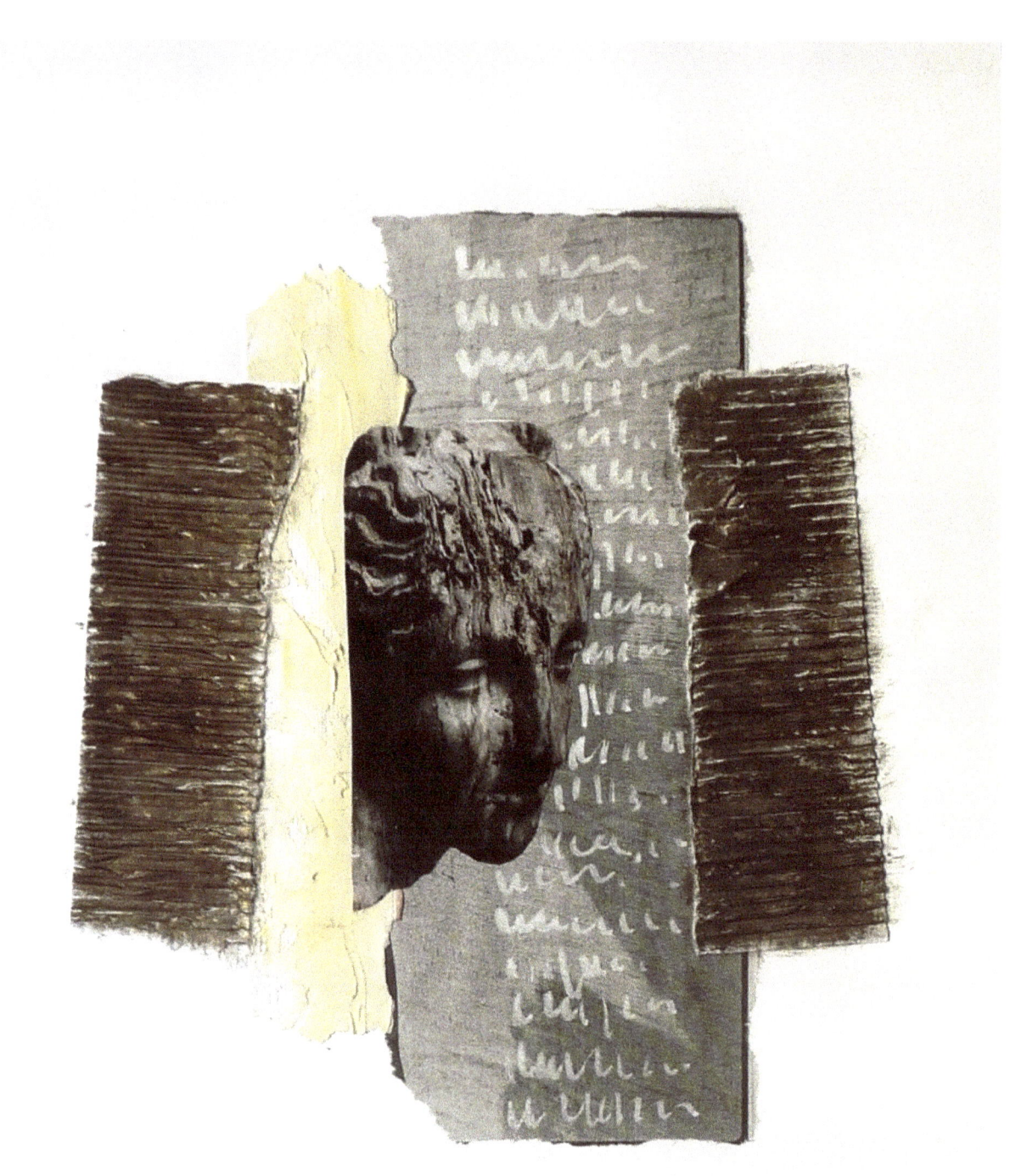

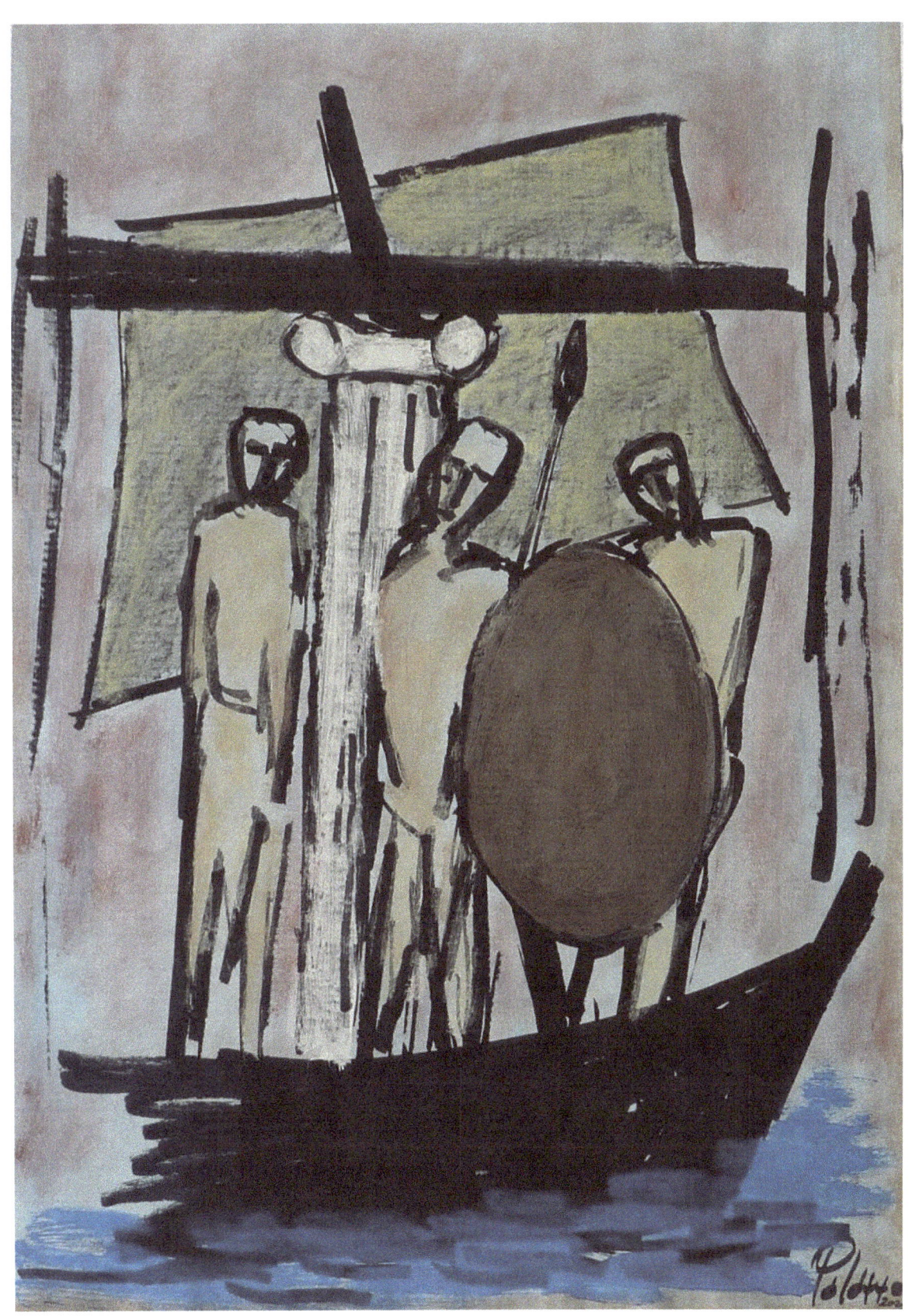

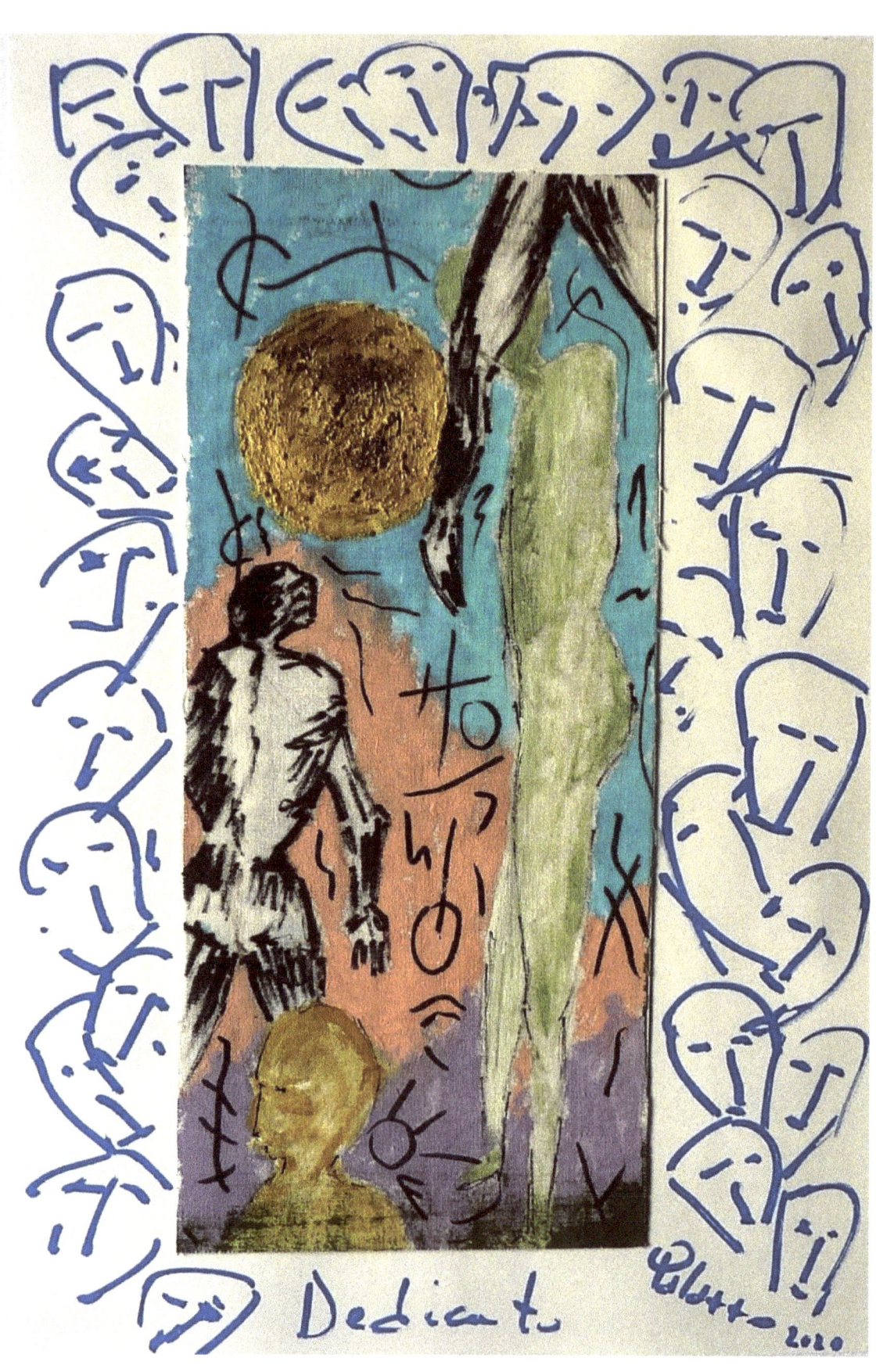

Dedicato

Cilotto 2020

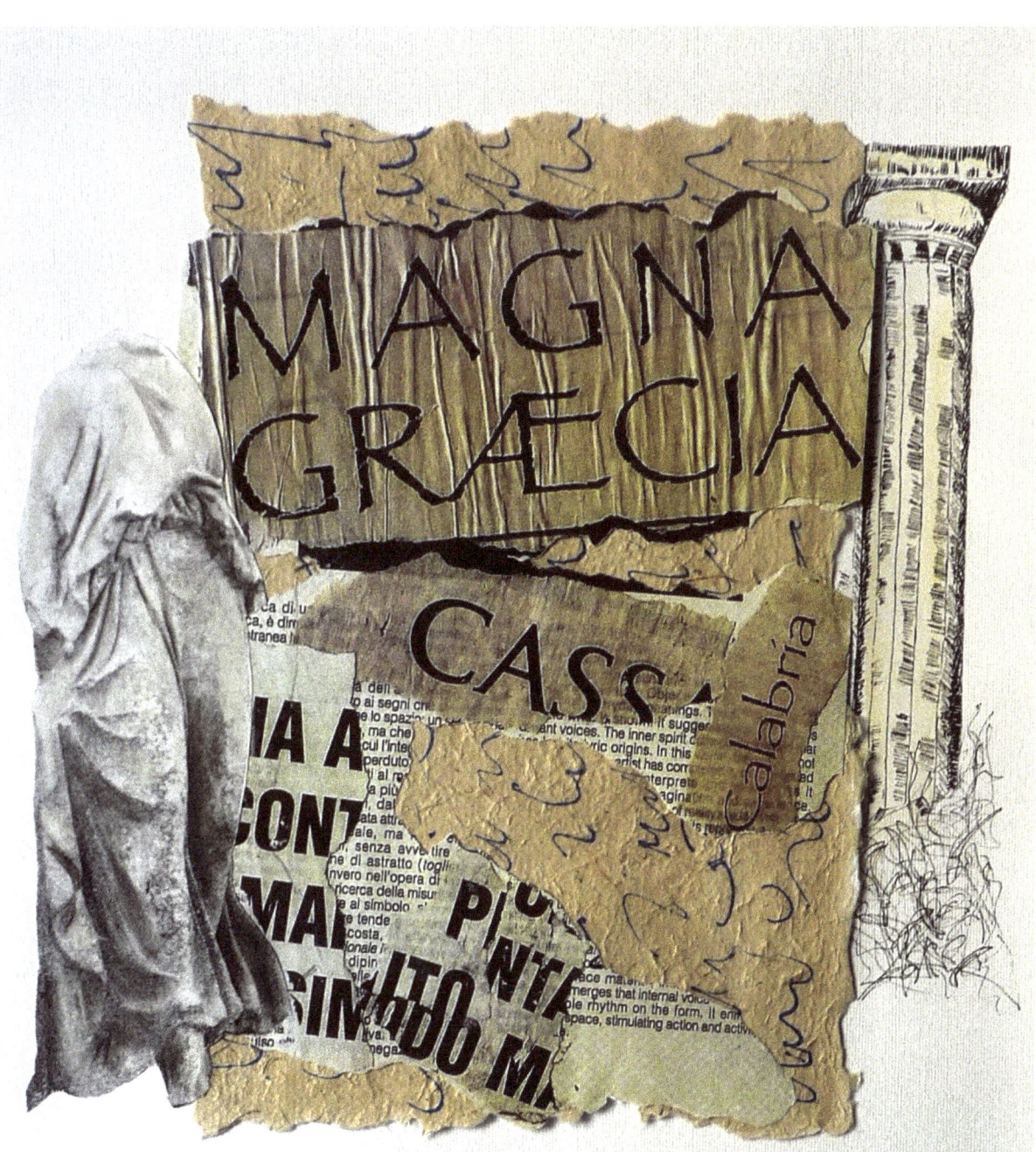

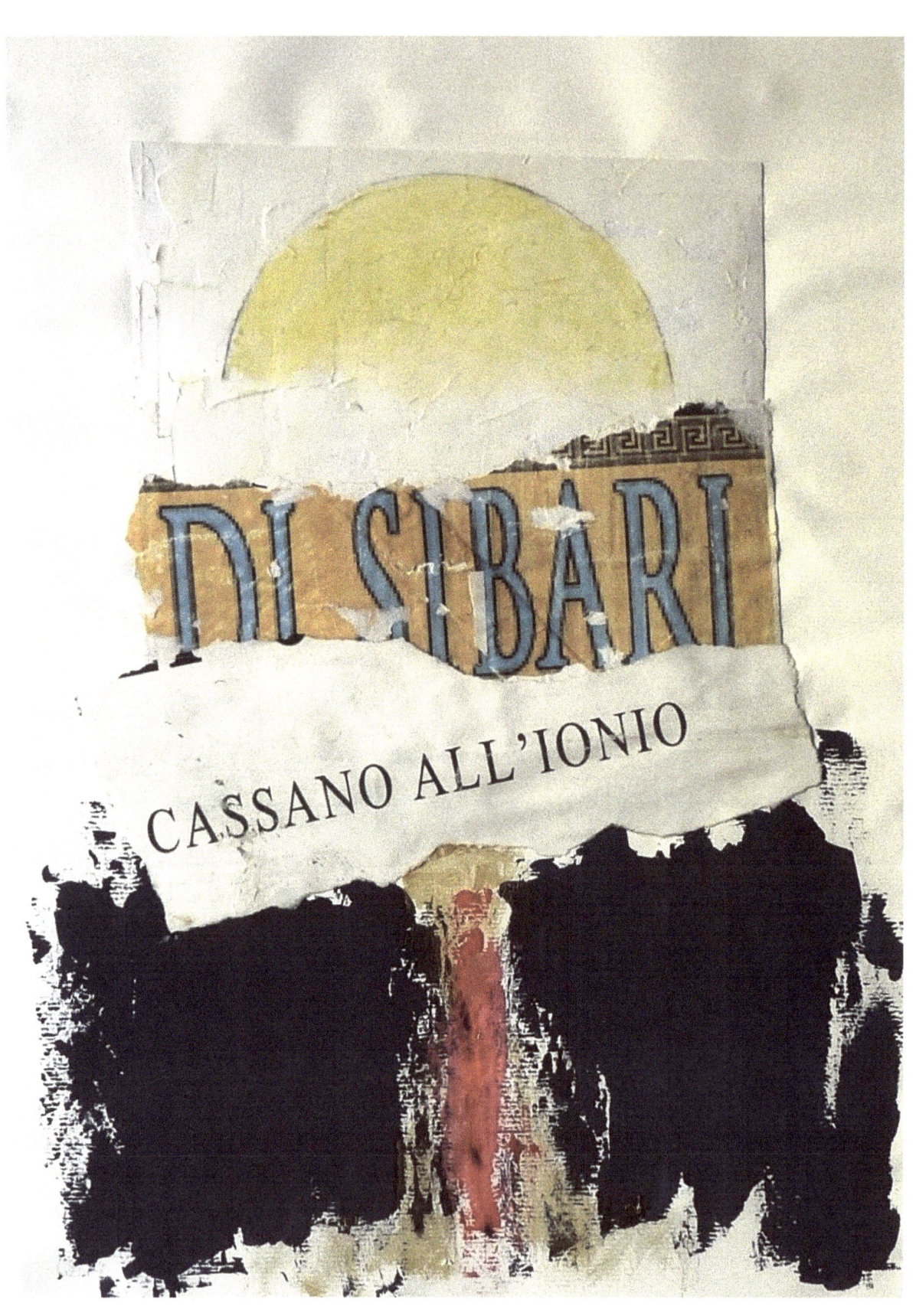

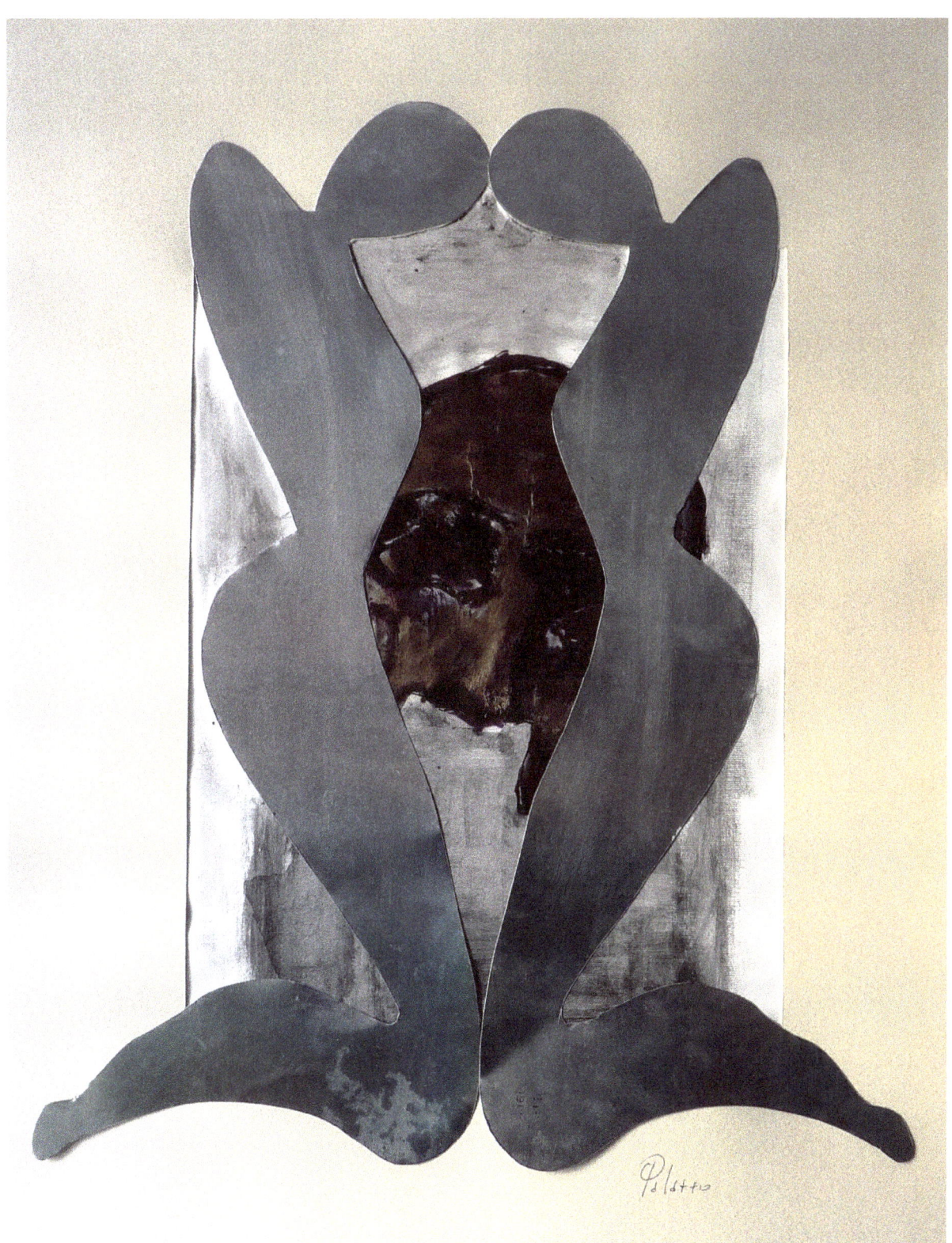

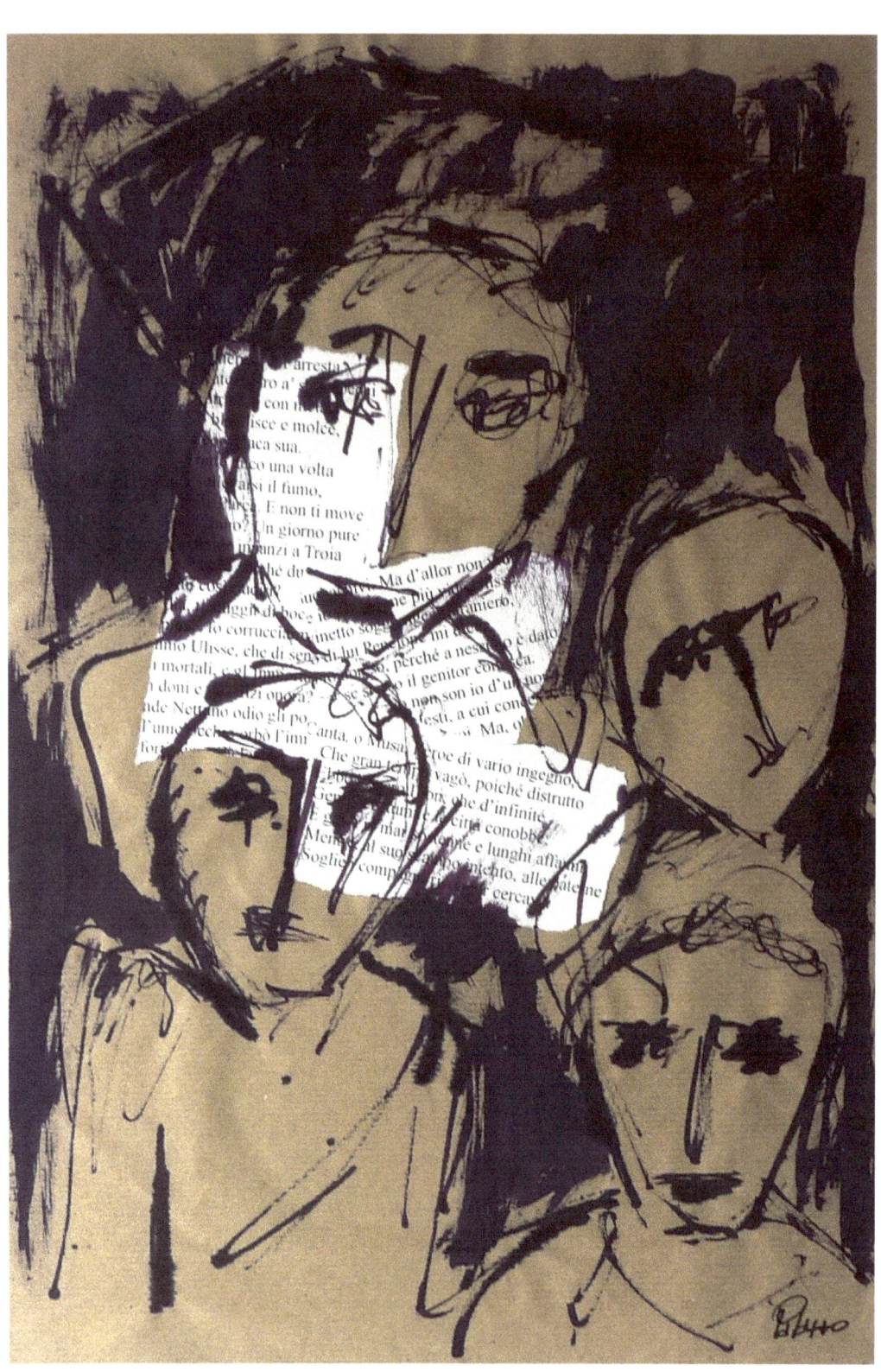

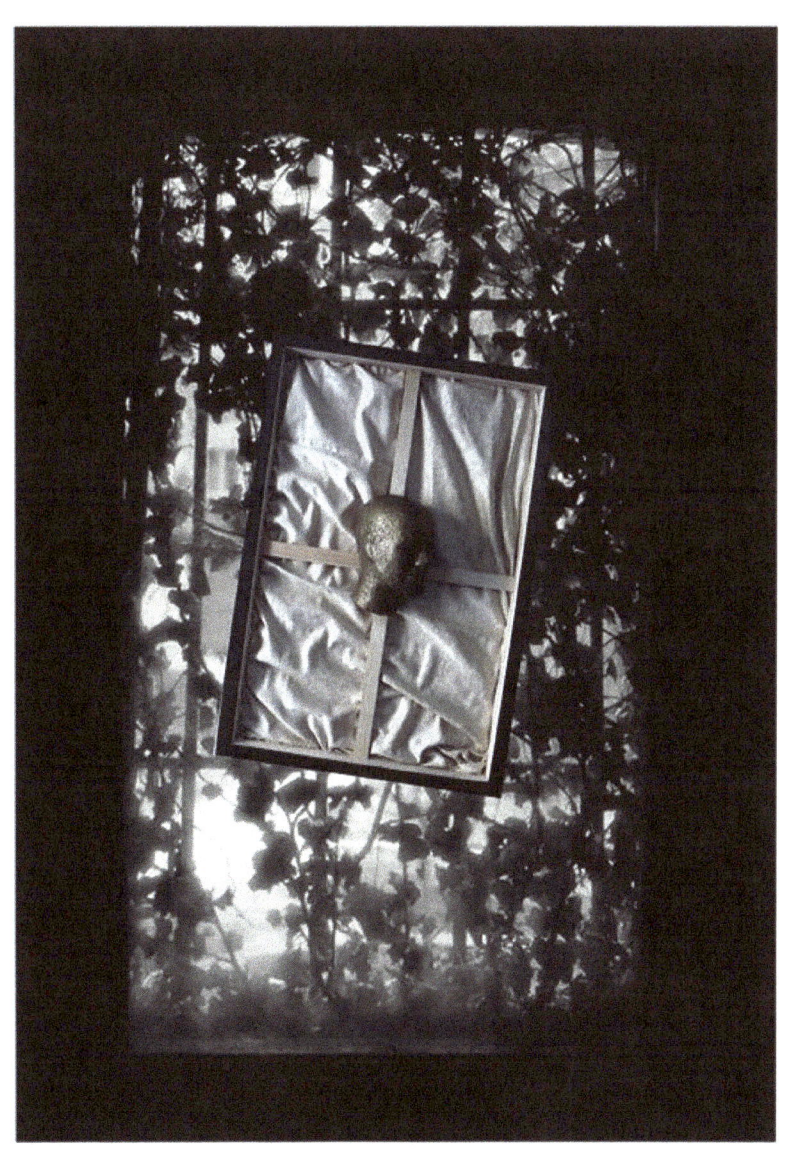

Due sono le porte,
l'una che scende verso Borea è per gli uomini,
l'altra verso Noto ha un carattere più divino;
di là non entrano gli uomini, ché è la via degli immortali.
Omero, Odissea, XIII

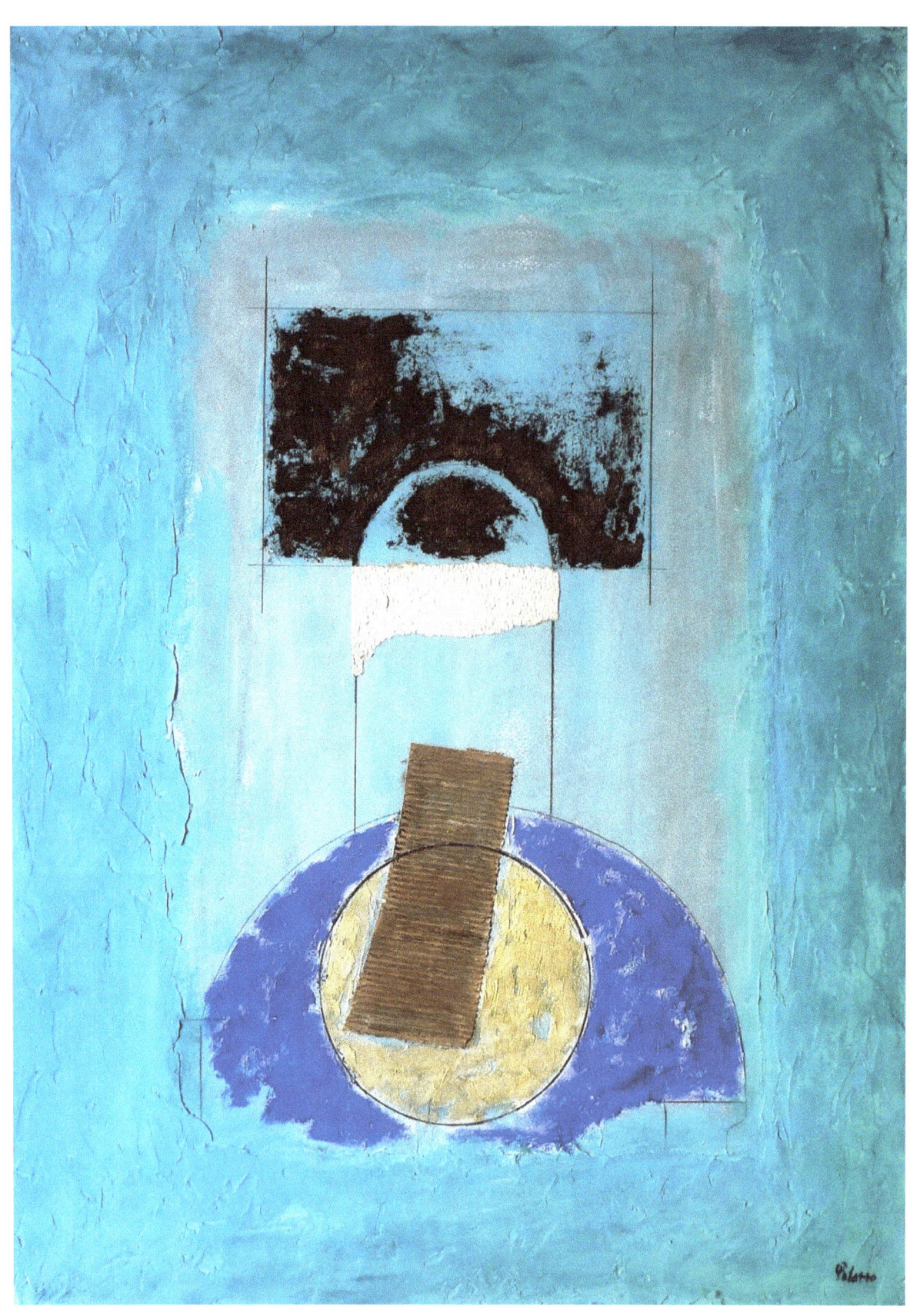

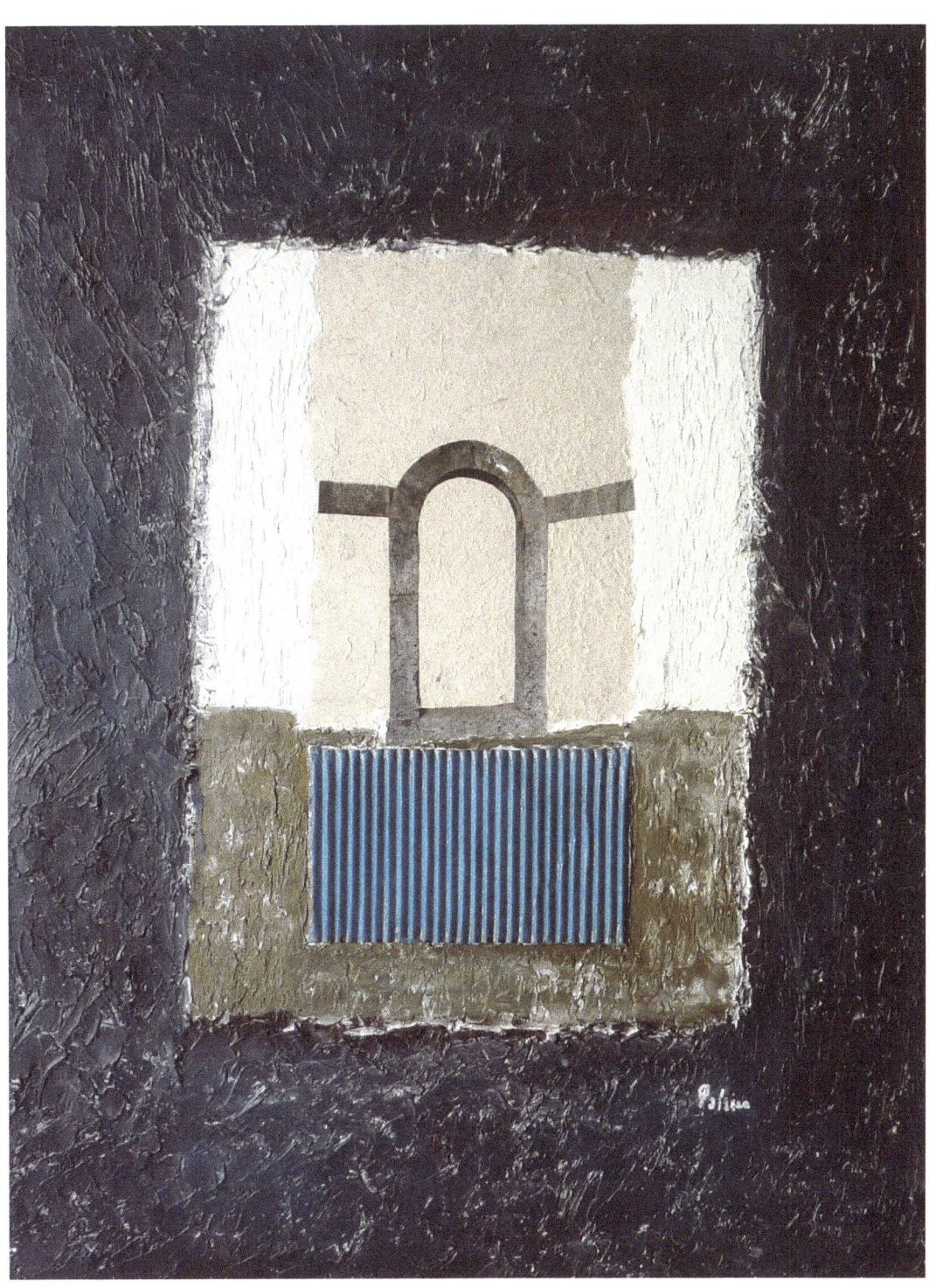

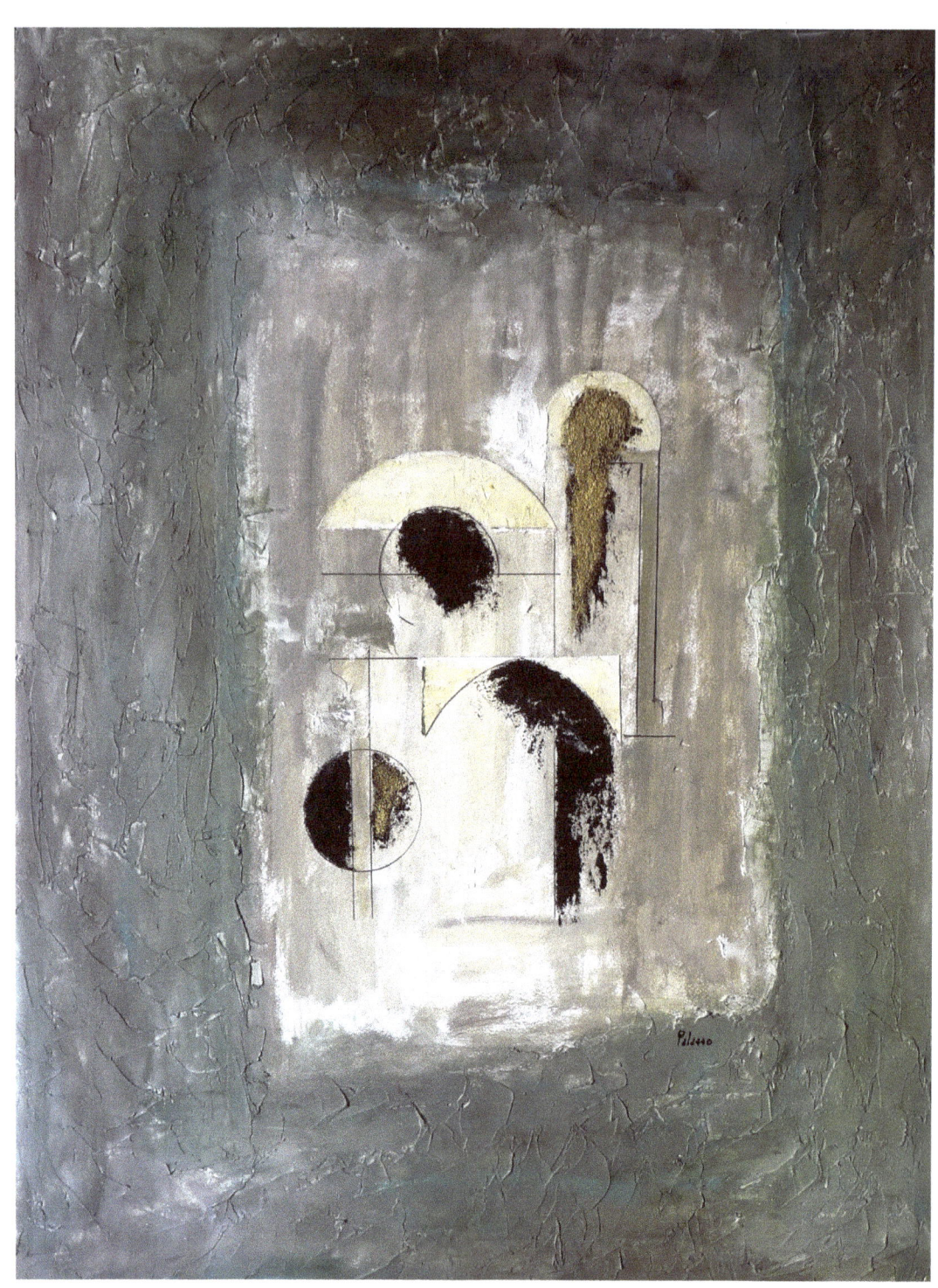

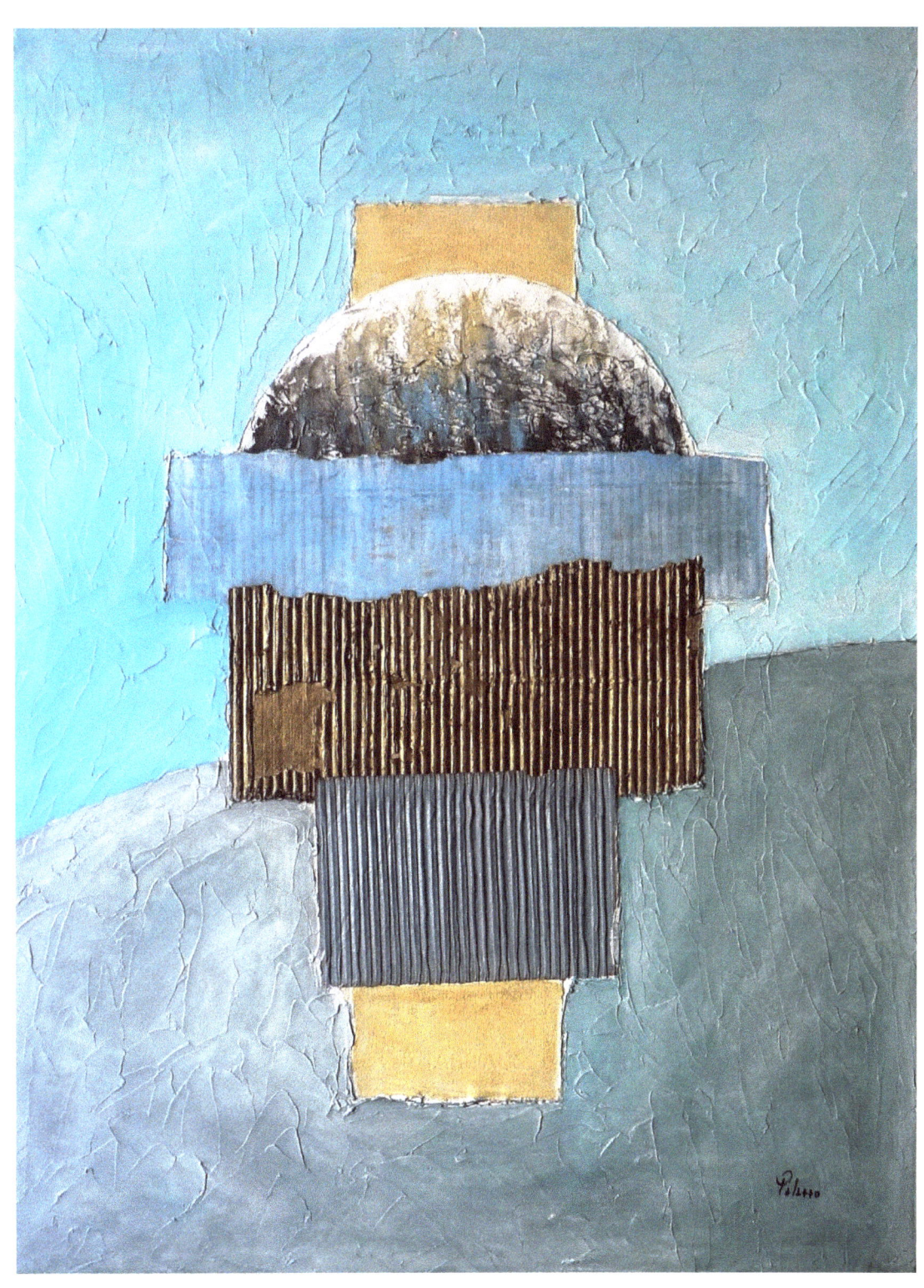

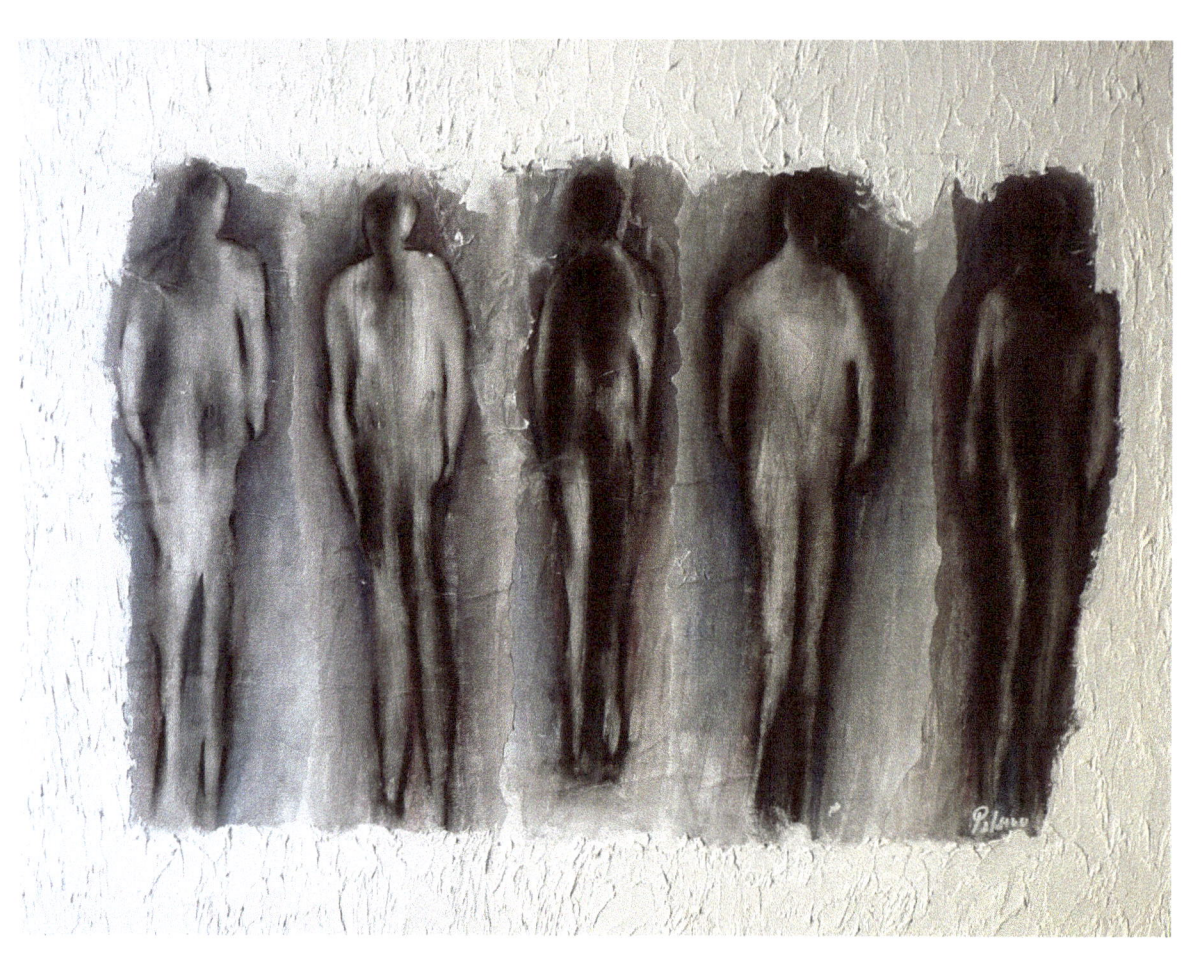

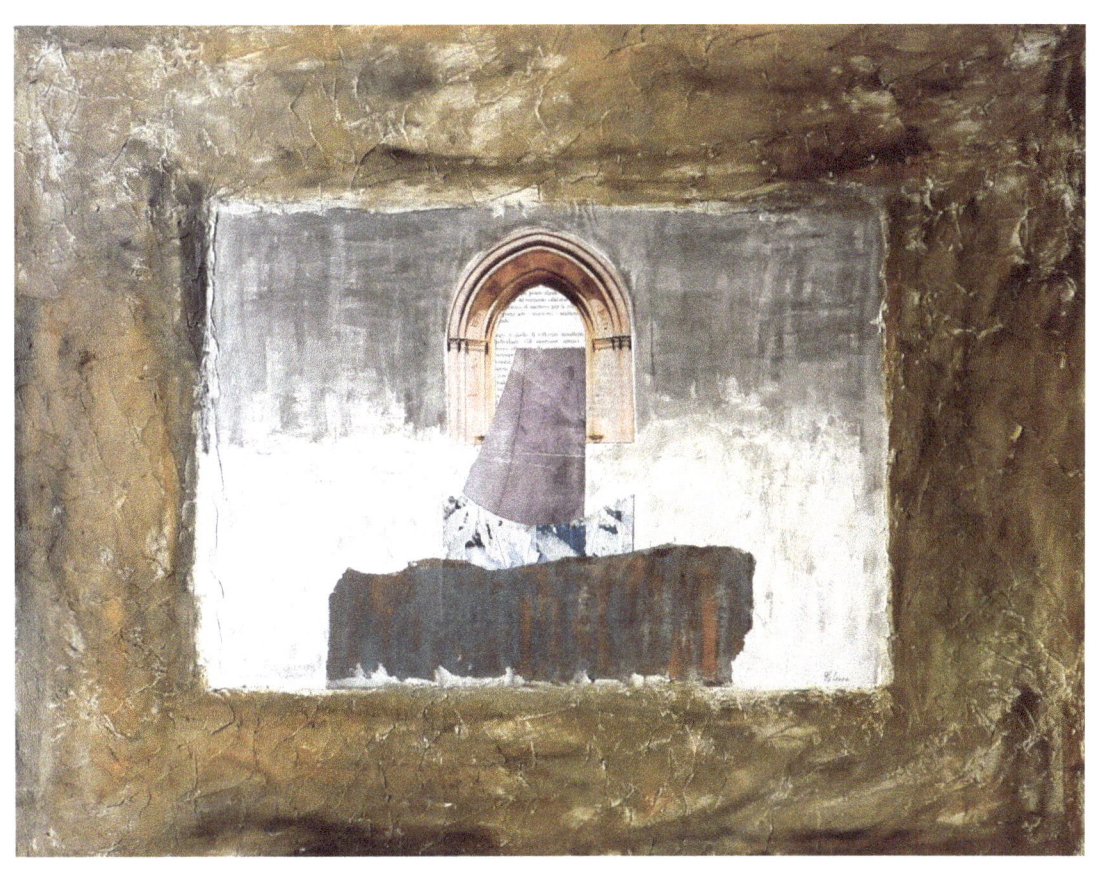

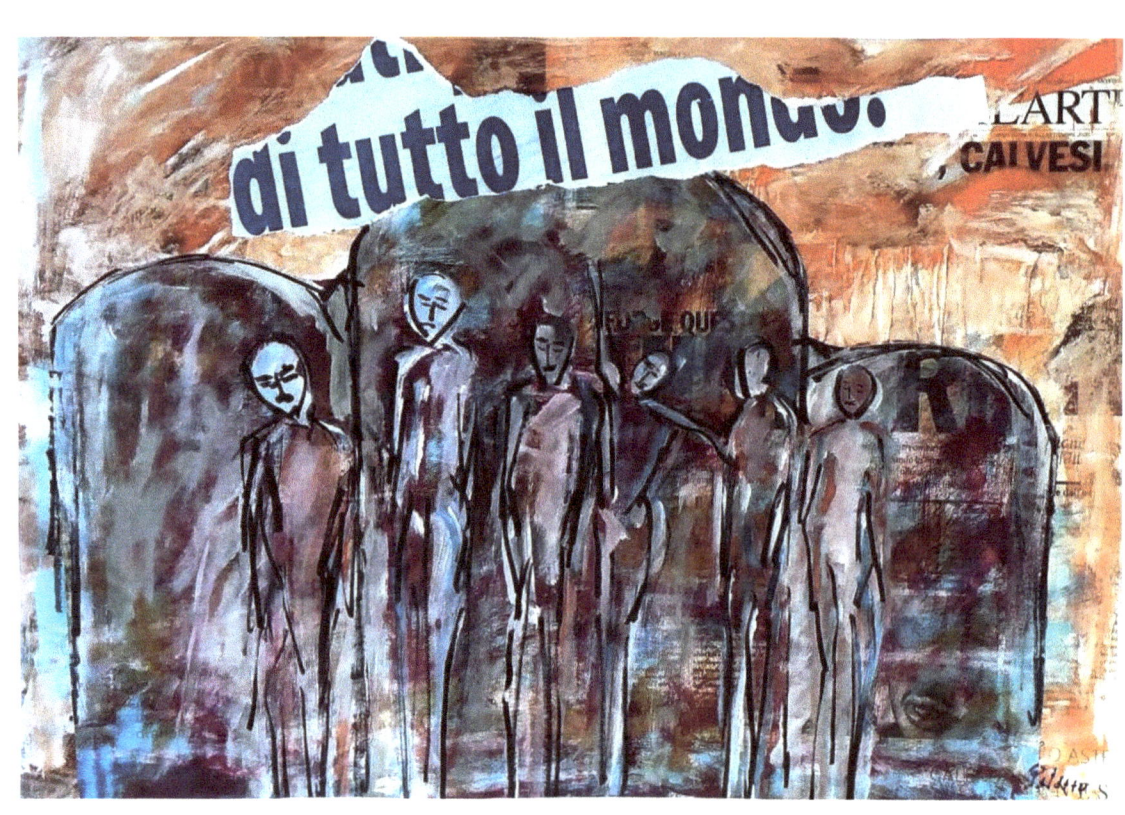

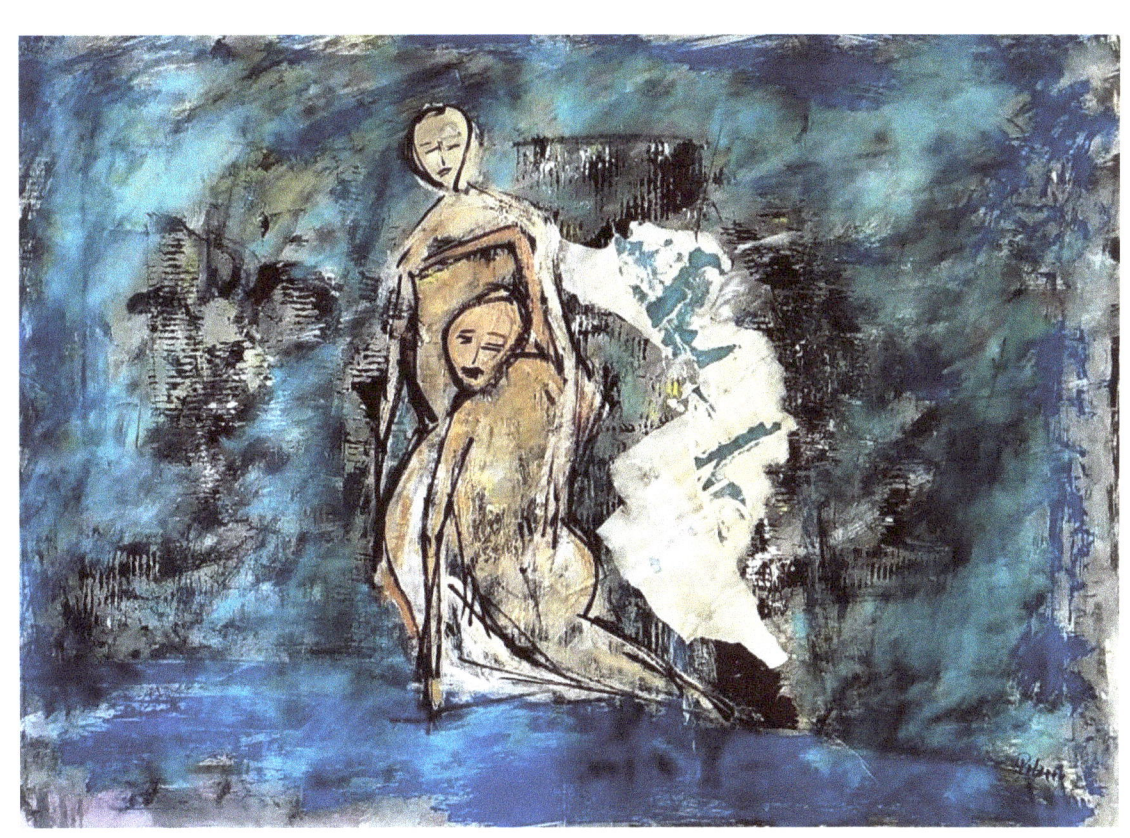

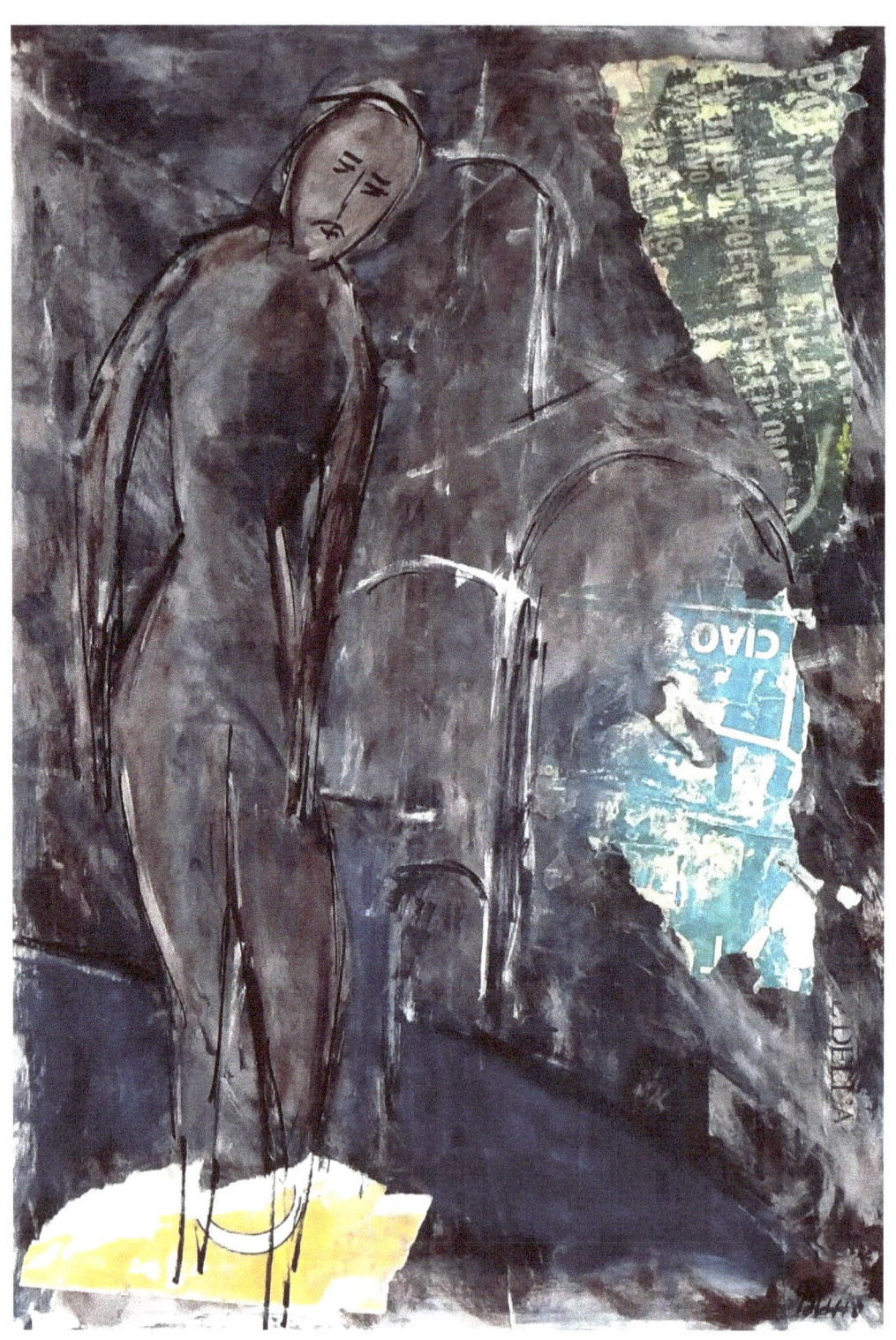

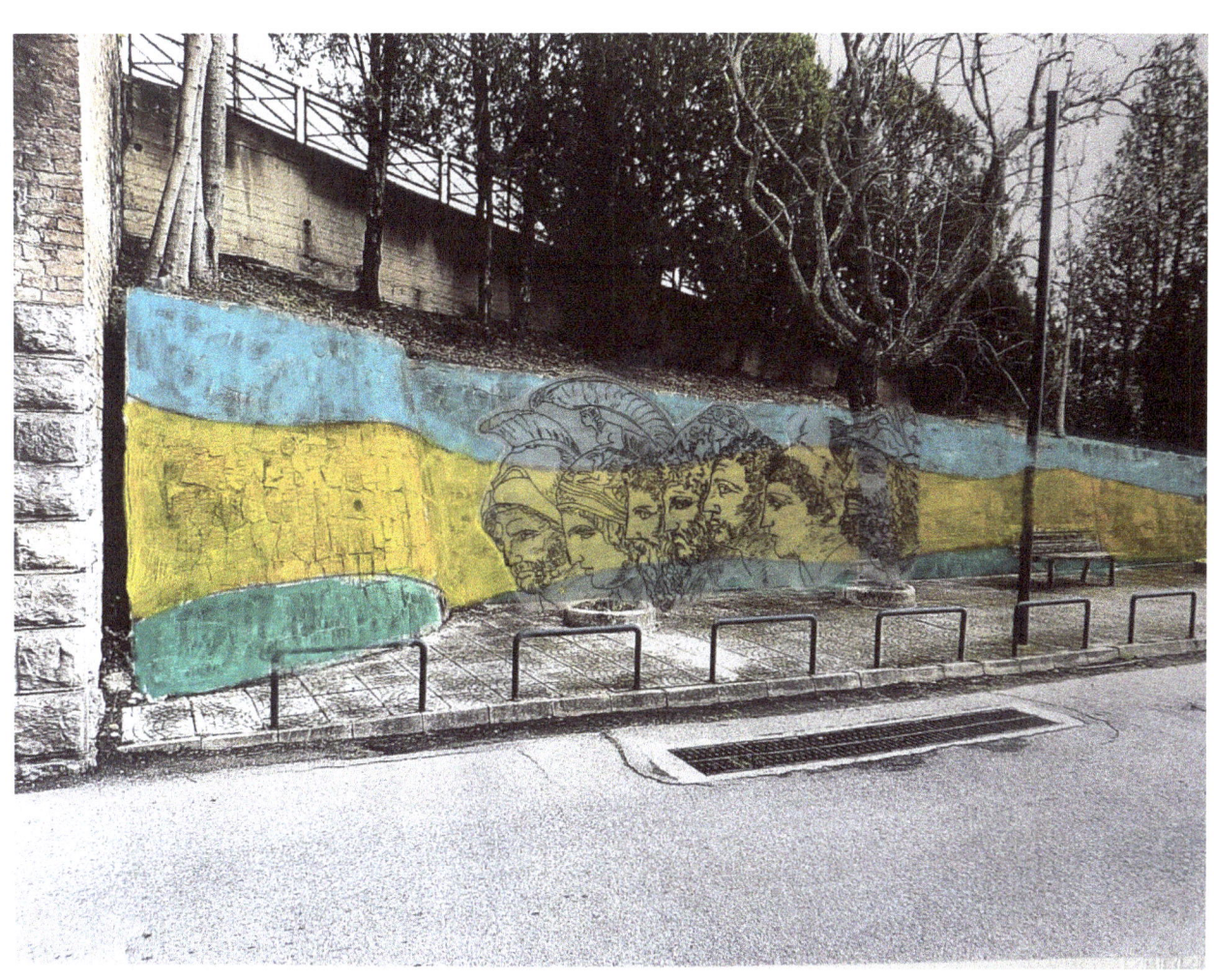

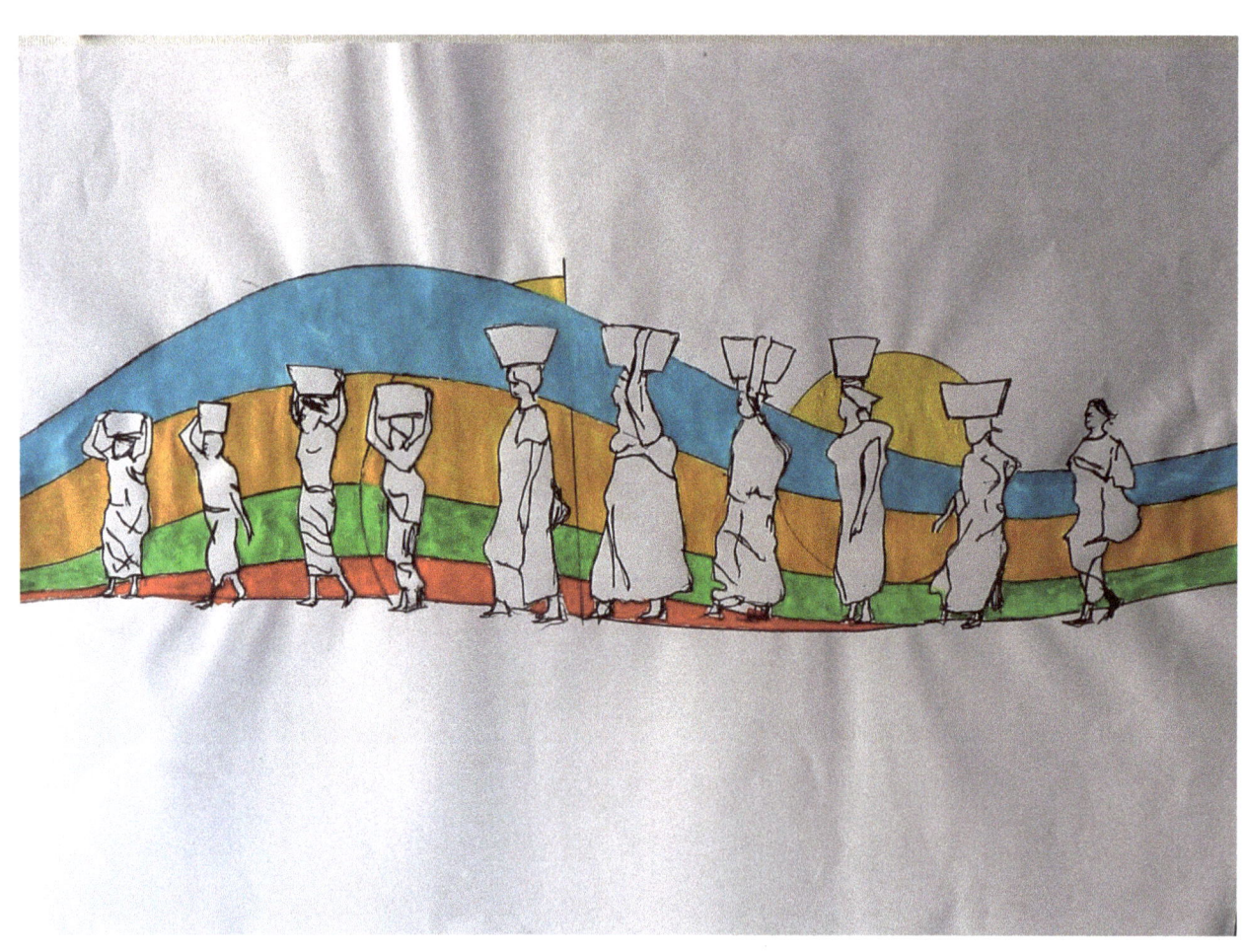

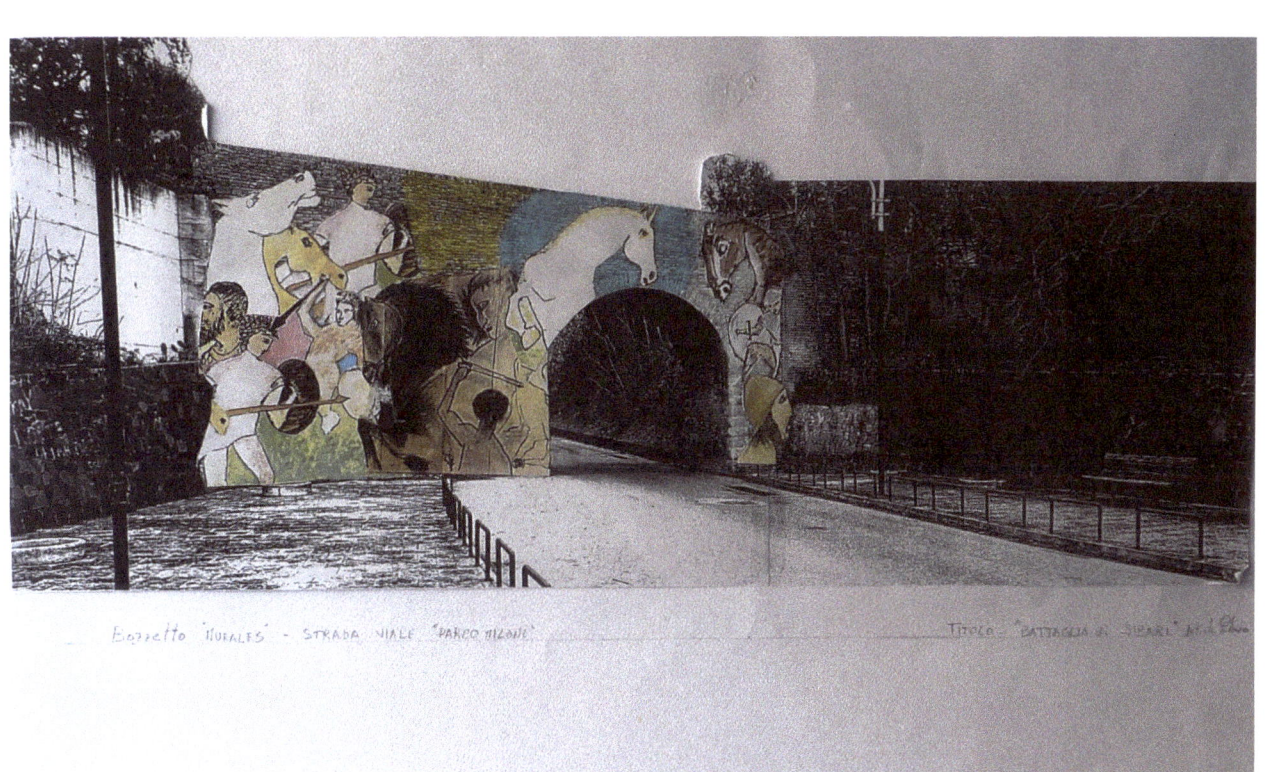

Bozzetto "Murales" - Strada Viale "Parco Mizone"   Titolo "Battaglia di ......" ....

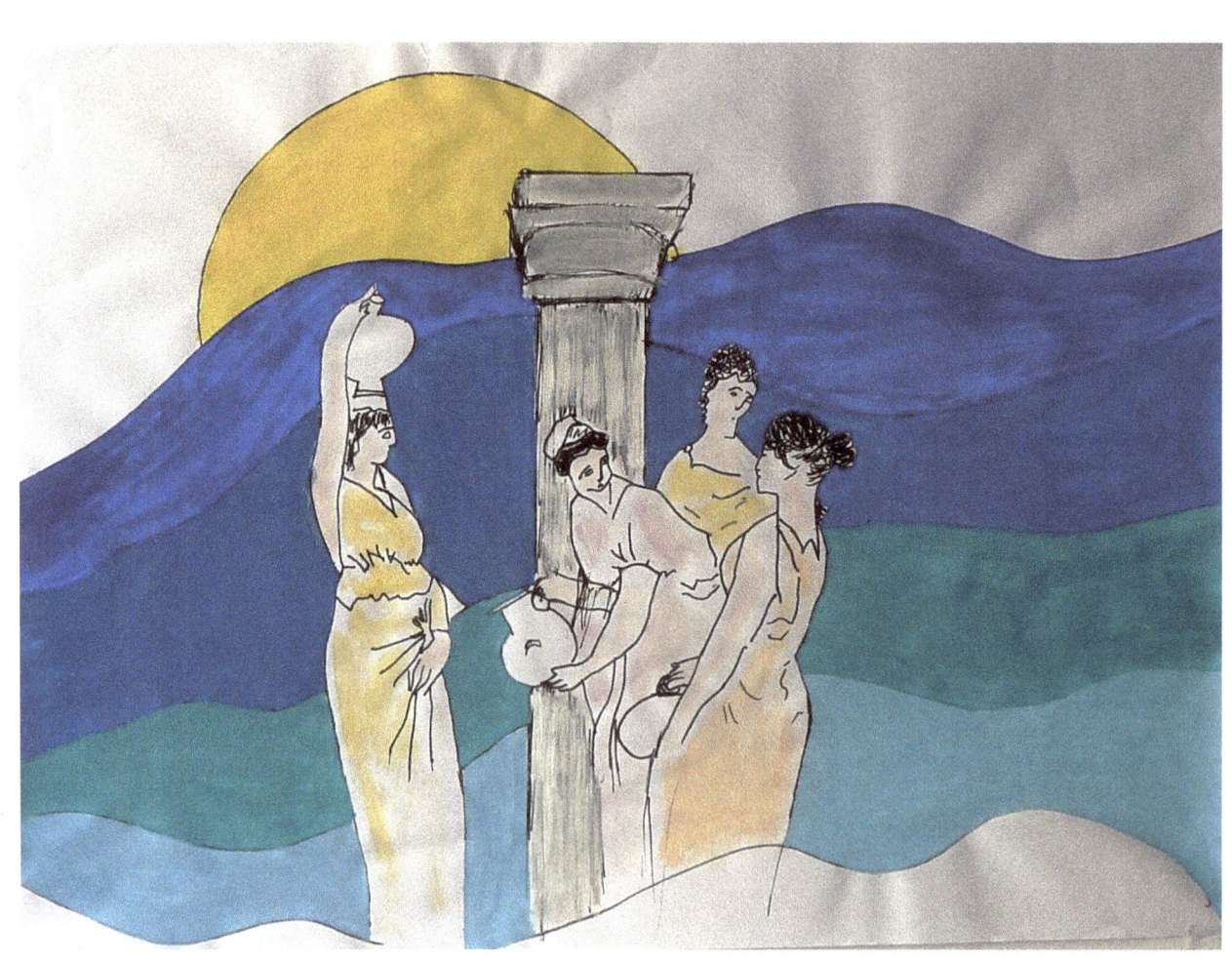

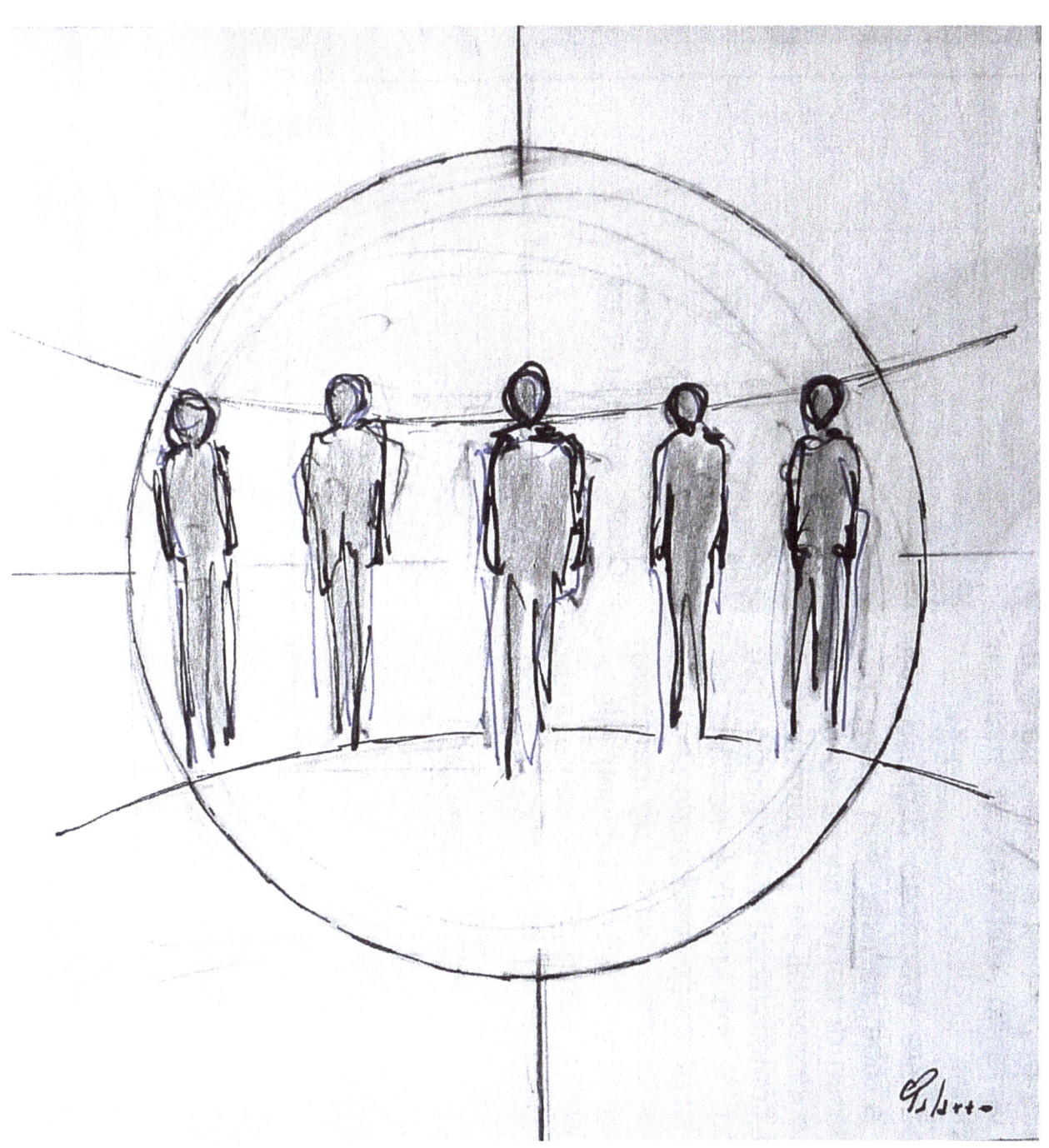

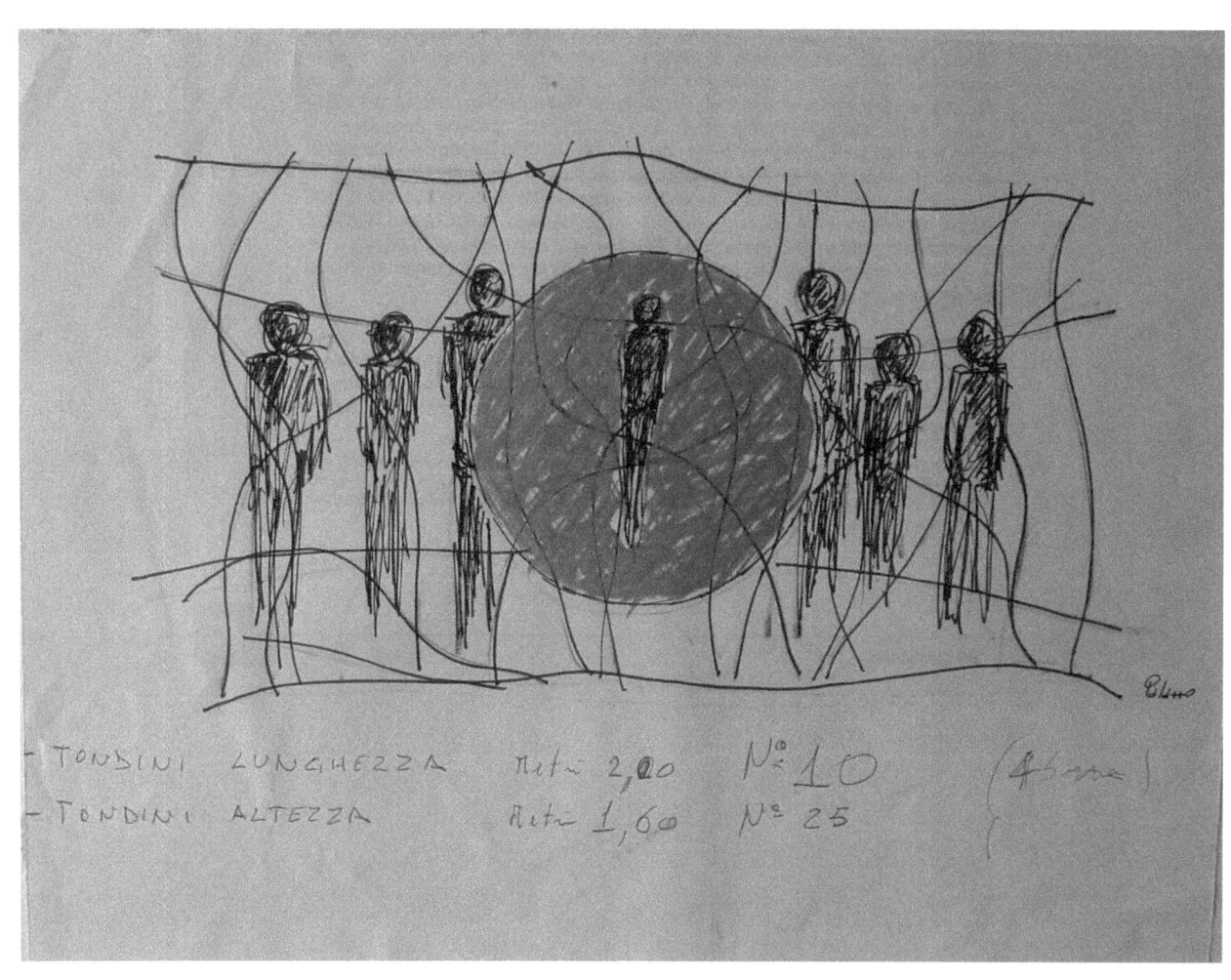

- TONDINI LUNGHEZZA   Mt 2,00   N° 10   (45mm)
- TONDINI ALTEZZA   Mt 1,60   N° 25

LIMITE ISOLAMENTO
ANNULLAMENTO NUDITÀ
FREDDEZZA PIENO MISTERO
SCANDALO STASI INQUIETANTE
PUNTOFERMO INVISIBILE
MORTE PERICOLOSO PIETRA
D'INCIAMPO LUTTO EROE
SEPOLCRO ALTARE PESO
PIETRA TOMBALE NEMICO
PAURA GUERRA MANCANZA
RIFLESSIONE VUOTO PERDITA
VALORE ANNUNCIO PESO
SOLITUDINE PROIEZIONE
OMBRA BASE LAPIDE
MONUMENTO FINALMENTE LIBERI
METTERE UNA PIETRA SOPRA
BLOCCO SPERANZA
PIETRA DELLO SCANDALO
NESSUNA RISPOSTA SENTI
NELLA MONOLITE
MINACCIA POSSIBILE
PREAVVISO MONUMENTO
SILENZIO

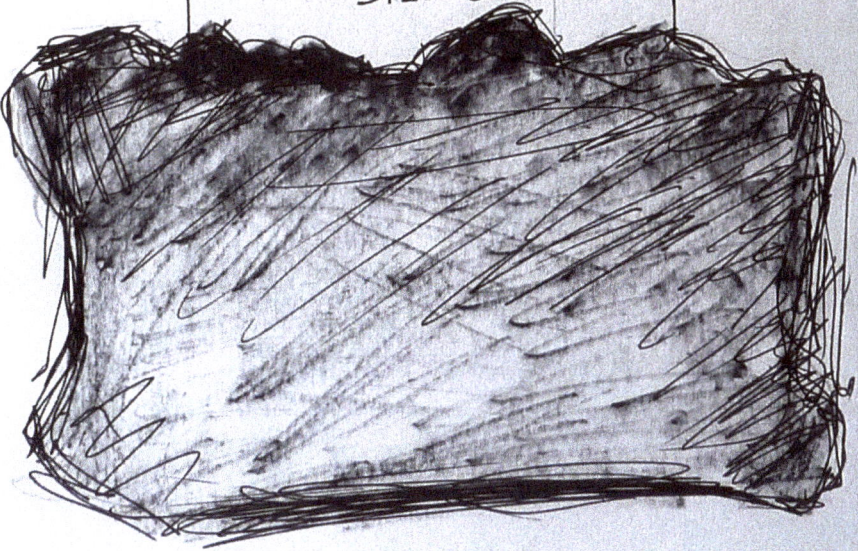

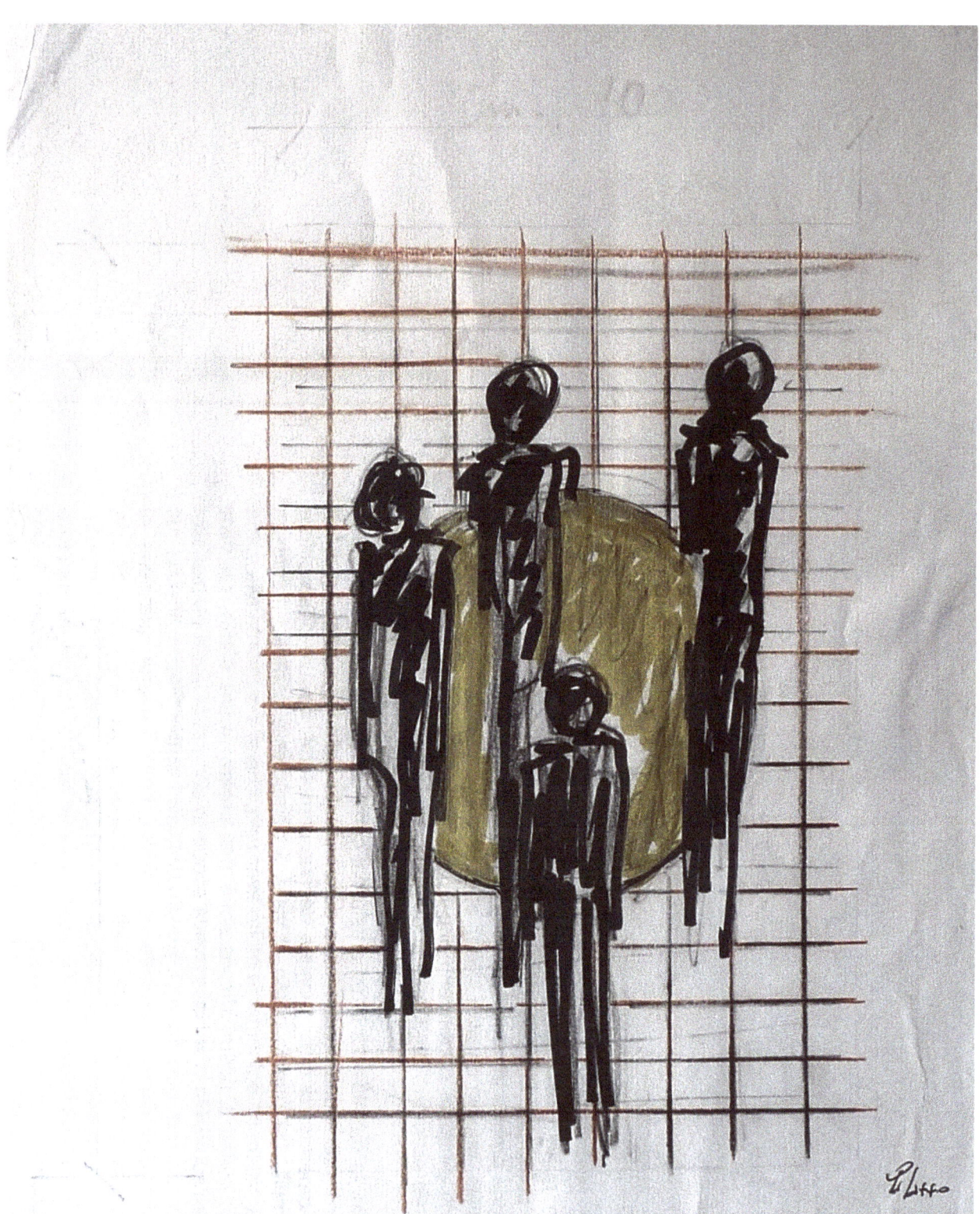

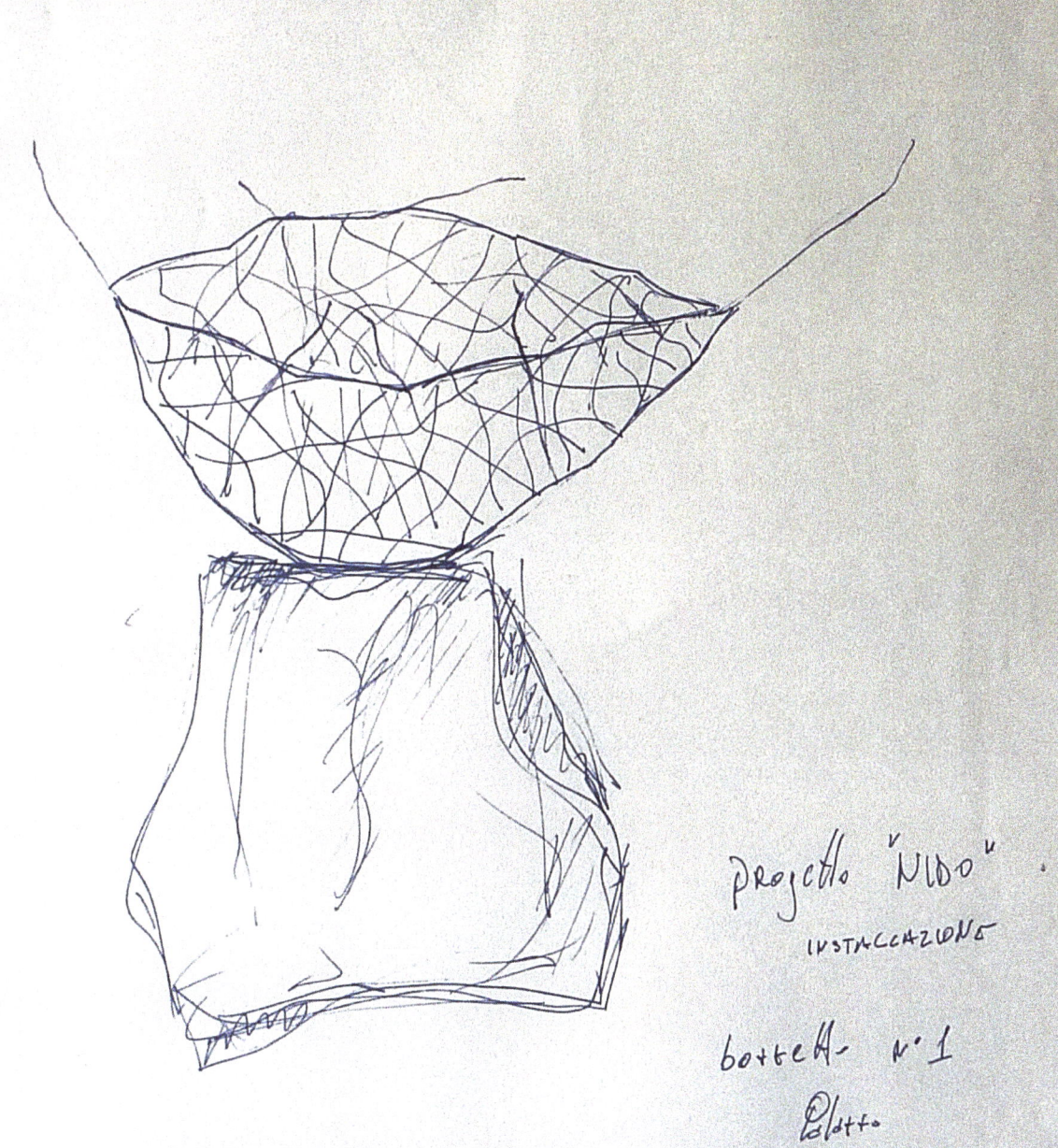

Progetto "NIDO".

INSTALLAZIONE

bottega. N° 1

Paletta

È sicuramente arte informale, astratta, concettuale, profondamente contemporanea, sia nello spirito che nello stile, ma è anche istinto artistico, potere creativo, ispirazione immediata. In tutte le sue opere sono utilizzati color e materiali diversi. Questo gioco dona spirito alle opere, la sua valenza ontologica ed estetica. Lo spettatore si addentra nell'opera e ne immagina mille significati, mille immagini ora deliziose ora inquietanti. Diviene in breve il secondo "autore" dell'opera stessa. Enzo Palazzo non si tira indietro e sposta l'attenzione sulla passione feroce e instancabile con cui dipinge e crea l'arte secondo una sua personale visione di essa.

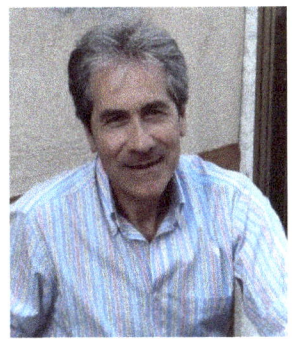 Enzo Palazzo è nato a Cassano all'Ionio il 26 ottobre 1962, dopo la maturità conseguita al Liceo Artistico Statale di Cosenza, diventa Scenografo all'Accademia di Belle Arti "Istituto di Alta Cultura" Pietro Vannucci di Perugia.

Sue opere polimateriche, sculture, installazioni, fanno parte di collezioni private, centri culturali, spazi pubblici, musei. Ha collaborato come scenografo per compagnie teatrali, attualmente si occupa di progettazione artistico – architettonica, creazione di manufatti di design, e realizzazione di sculture – installazioni site/specific per parchi, spazi pubblici, luoghi di interesse storico – artistico, progettazione per allestimenti museali e murales facciate monumentali.

La sua attività artistica inizia nel 1985. Entra in contatto con la stimolante realtà artistica di quegli anni e allaccia amicizie con numerosi artisti nazionali e internazionali. Partecipa a diverse manifestazioni con mostre personali e collettive su selezioni ed invito di critici ed esperti del settore. Tiene lezioni e conferenze sull'arte contemporanea nelle scuole e altre istituzioni pubbliche; realizza progetti sulla fenomenologia delle arti contemporanee. Enzo Palazzo appartiene all'Accademia Cosentina.

www.ingramcontent.com/pod-product-compliance
Lightning Source LLC
Chambersburg PA
CBHW041104170526
45159CB00016B/3127